El Corazón de la Muerte

Altars and Offerings for Days of the Dead

El Corazón de la Muerte

Altars and Offerings for Days of the Dead

Introduction by Rafael Jesús González

Additional text by Chiori Santiago

with contributions by Bea Carrillo Hocker

and Barbara Henry

Heyday Books   *Berkeley, California*

Oakland Museum of California   *Oakland, California*

Heyday Books, founded in 1974, works to deepen people's understanding and appreciation of the cultural, artistic, historic, and natural resources of California and the American West. It operates under a 501(c)(3) nonprofit educational organization (Heyday Institute) and, in addition to publishing books, sponsors a wide range of programs, outreach, and events.

To help support Heyday or to learn more about us, visit our website at www.heydaybooks.com, or write to us at P.O. Box 9145, Berkeley, CA 94709.

Library of Congress Cataloging-in-Publication Data
El corazón de la muerte : altars and offerings for days of the dead / introduction by Rafael Jesús González ; additional text by Chiori Santiago, with contributions by Bea Carrillo Hocker and Barbara Henry.
p. cm.
Catalog of an exhibition held at the Oakland Museum of California.
Texts in English and Spanish.
ISBN 1-59714-008-2 (pbk. : alk. paper)
1. All Souls' Day–Exhibitions. 2. Altars–Exhibitions. 3. Votive offerings—Exhibitions. 4. United States—Religious life and customs. 5. Latin America—Religious life and customs. I. González, Rafael Jesús. II. Santiago, Chiori. III. Oakland Museum of California.
GT4995.A4C67 2005
394.266'074'794—dc22
2005004956

Consultant/translator: Meoy Gee
Cover Design: Rebecca LeGates
Cover art: (front) El Corazón de la Muerte, photo by George Vallejo; (back) detail, *Passages* by Rubén Guzmán Campos, photo by Michael Temperio.
Page 1: Community ofrenda, altarmaker Billie Quijano, photo by George Vallejo.
Page 2: Detail of mural by Susan Cervantes and Precita Eyes muralists, photo by Michael Temperio.
Page 5: Calavera guitarist, photo by Lonny Shavelson.
Page 6: Detail, *Beyond the Door* by Carol Marie García, photo by Michael Temperio.
Page 7: Aztec dancer, photo by Lonny Shavelson.
Interior Design/Typesetting: David Bullen Design

El Corazón de la Muerte was copublished by the Oakland Museum of California and Heyday Books. Orders, inquiries, and correspondence should be addressed to:
Heyday Books
P. O. Box 9145, Berkeley, CA 94709
(510) 549-3564, Fax (510) 549-1889
www.heydaybooks.com

Printed in Singapore by Imago

10 9 8 7 6 5 4 3 2 1

Contents

The Oakland Museum of California, opened in 1969, is known worldwide for its collections and exhibitions, which portray California's natural diversity, explore the art of California, and examine the events, eras, and people that have shaped the state. It is our goal to be responsive, accessible, and meaningful to the widely diverse communities that define California, and so it is with great pride that we present this publication about our annual *Los Días de los Muertos* exhibition and celebration.

From the simplest of beginnings, our Días de los Muertos activities have led to a major museum-community partnership, and they have struck a universal chord in diverse communities by offering a means of honoring ancestors and educating youth as well as respecting and reclaiming traditions. Best of all, they have created an opportunity for people of all ages to come together for healing and the celebration of life.

It all started in 1993, when members of the museum's Latino Advisory Committee suggested focusing on los Días de los Muertos for a future program. They talked about the need for community healing, for reclaiming this as a Mexican American tradition, and for making Oakland the destination for such a major event. Although the celebration is popularly referred to as *Día de los Muertos,* we decided to use the plural form *Días* in recognition of its indigenous roots, when two distinctive feasts for the dead were held over an extended period of time and as part of the annual ritual cycle. Every year we have organized an exhibition of *ofrendas*—altars with offerings to the dead—and a community celebration. Each year, the guest curator who develops the exhibition chooses a theme that explores one of the many facets of los Días de los Muertos. In order to ensure the

Inaugurado en 1969, el Museo de California en Oakland se conoce mundialmente por sus colecciones y exposiciones que retratan la diversidad natural de California, exploran sus artes, y examinan eventos, épocas y a la gente que han dado forma al estado. Nuestra meta es ser sensibles, accesibles y relevantes para las diversas comunidades de California. Por lo tanto, es con mucho orgullo que ofrecemos esta publicación que trata de nuestra exposición y celebración anual de los Días de los Muertos.

Desde un principio muy sencillo, nuestros Días de los Muertos se ha convertido en una importante colaboración entre el museo y la comunidad, al mismo tiempo que ha tocado una fibra sensible en las diversas comunidades al ofrecerles los medios para honrar a sus ancestros, educar a la juventud y respetar y reivindicar sus tradiciones. Lo mejor de todo es que ha dado la oportunidad a gente de todas las edades a unirse, con el objeto de sanarse y celebrar la vida.

Todo empezó en 1993, cuando miembros del Comité Consultivo Latino del museo sugirió, para un programa futuro, enfocarse en los Días de los Muertos. Se hablaba de la necesidad de una cura para la comunidad, así como de una tradición mexicana-americana y que fuera Oakland el destino de tal evento. Aunque en México la celebración se conoce popularmente como el *Día de los muertos,* decidimos usar el plural *Días* en memoria de las raíces indígenas de la tradición, pues en tiempos antiguos se celebraban por un lapso extendido dos fiestas distintas dedicadas a los muertos durante el ciclo ritual de cada año. Cada año, hemos organizado una exposición de ofrendas además de una celebración comunitaria. Y cada año, el curador invitado escoge un tema que explore las muchas

presence of a variety of community perspectives, the curator invites not only artists, but school groups and community groups to create ofrendas.

In developing this annual project, we have to consider very carefully how to present a very personal, spiritually based tradition in the public arena of the museum. The exhibition offers a venue for exploring los Días de los Muertos expressions as both folk art and fine art, inviting both traditional and contemporary approaches. But some aspects of los Días de los Muertos are more appropriately explored in an outdoor space, such as the museum gardens, and that is how the museum's Community Celebration for the Days of the Dead came about. This event, which takes place every year on a Sunday toward the end of October, has become a major educational opportunity, displaying the vibrant ritual practices, celebration, and humor that define los Días de los Muertos. Members of our Latino Advisory Committee and later our Los Días de los Muertos Committee, formed in 1998, plan every aspect of this celebration, which draws thousands of people each year and has become an annual tradition for many families. Integral to the planning of this event and the exhibition are the combined goals of respecting the spirituality of los Días de los Muertos while speaking to the experience of contemporary urban life.

There is always a tremendous response from school groups to the exhibition. Students from kindergarten to high school and college learn the importance of remembering the dead. For teachers the exhibition is an opportunity for instilling pride and greater cultural understanding in students as they view their own works or the works of their peers in the museum. Health professionals use the exhibition as a resource for healing. People who celebrated los Días de los Muertos as children but lost touch with the tradition as adults express gratitude to the museum for bringing it back to their lives. Others who had no means in their culture for dealing with grief come to understand this tradition as a vehicle for healing their wounds. The Días de los Muertos Fruitvale Festival, a major event in

facetas de esta milenaria tradición. Con objeto de asegurar la presencia de una variedad de perspectivas de la comunidad, el curador invita no solamente a artistas, sino también a grupos tanto de escuelas como de la comunidad, para que organicen sus ofrendas.

Al desarrollar este proyecto anual, hemos tenido que considerar muy cuidadosamente, la forma de presentar una tradición tanto personal como espiritual en el espacio público del museo. La exposición ofrece un lugar en donde se pueden explorar las diversas expresiones de los Días de los Muertos, tanto folklóricas como artísticas, invitando perspectivas tradicionales así como contemporáneas. Algunos de los eventos de los Días de los Muertos se llevan a cabo mejor en un espacio abierto, como los jardines del museo y fue así que la celebración comunitaria de los Días de los Muertos empezó. Este evento que se realiza cada año hacía fines de octubre, se ha convertido en una gran oportunidad educativa, en la que destacan los rituales coloridos, la celebración y el humor que definen los Días de los Muertos. Los miembros de nuestro Comité Consultivo Latino y también nuestro Comité de los Días de los Muertos, constituido en 1998, planean cada aspecto de esta celebración que atrae a miles de personas cada año y se ha vuelto una tradición anual para muchas familias. Unido a la planeación de este evento y a su exposición, está la combinada meta de respetar la espiritualidad de los Días de los Muertos y a la vez respetar la experiencia de la vida urbana contemporánea.

Siempre hay una concurrencia muy grande de grupos escolares a la exposición. Desde chiquitos del kinder hasta alumnos de la secundaria y preparatoria, todos conocen la importancia de recordar a los muertos. A los maestros, la exposición les da la oportunidad de imbuir a sus estudiantes orgullo y una mayor comprensión cultural al ver sus propios trabajos o los trabajos de sus compañeros en el museo. Los profesionales de los sectores de salud aprovechan la exposición como un recurso para curar. Gente que celebraba los Días de los Muertos en su niñez, pero

Oakland, was inspired by the museum's celebration. Now more than seven hundred community members are involved in some way in the museum's annual project. We clearly did not expect all of this when we planned the first exhibition, in 1994.

What has sustained us in serving thousands of people is the profound commitment that members of the community bring to this project, as exemplified especially by members of the museum's Los Días de los Muertos Committee. They bring much heart, creativity, and wisdom to the question of how to present this ancient tradition in a public space. It has been a privilege for me to bear witness to the special relationship between the museum and the Días de los Muertos celebration—and the greater community of which we are a part. This shared respect for the preservation of memory and traditions across generations inspires deep reflection about the quality of our own lives as we honor those who have gone before us.

Barbara Henry
Chief Curator of Education
Oakland Museum of California
August 1, 2004

perdieron la costumbre ya como adultos, expresan su gratitud al museo por devolverles esa tradición a su vida. Otros, que en su cultura no tenían los medios para manejar su dolor, han llegado a entender el valioso significado de esa antigua tradición como medio para sanar el ánimo. El festival a los muertos de la vecindad Fruitvale de Oakland, también muy concurrido, se inspiró en la celebración que hace el museo. Ahora, más de 700 miembros de la comunidad están involucrados de alguna forma en ese proyecto anual del museo. En verdad nunca nos imaginamos tal éxito cuando planeamos la primera exposición en 1994.

Lo que nos ha sostenido en ese proyecto que recibe a miles de personas cada año es la profunda dedicación y el compromiso de los miembros de la comunidad, especialmente ejemplificado por los miembros del Comité de los Días de los Muertos del museo. Ellos ponen todo su corazón, creatividad y sabiduría a la cuestión de cómo presentar esa antigua tradición en el espacio público. Para mí, ha sido un privilegio poder atestiguar del valioso papel que juega el museo en las celebraciones de los Días de los Muertos—y en la gran comunidad de la cual somos parte y la cual servimos. Este respeto compartido por la preservación del recuerdo y las tradiciones a través de las generaciones inspira honda reflexión sobre la calidad de nuestras propias vidas al honrar aquellos que se nos han adelantado.

Barbara Henry
Curadora Encabezada del Departamento Educativo
El Museo de California en Oakland
1 agosto de 2004

Introduction

When the Oakland Museum of California opened its first exhibition in honor of *los Días de los Muertos* (the Days of the Dead) in the fall of 1994, no one could have guessed that ten years later the annual exhibition devoted to this most Mexican of holidays would be the most popular of the museum's yearly programs. On the Sunday of the 2003 Community Celebration for the Days of the Dead, better than four thousand people passed through the museum, and during the course of the exhibition, the museum was obliged to extend its opening hours to accommodate the many classes of schoolchildren coming to see it. It is true that the traditions of los Días de los Muertos originate in the primal and universal human experience of death, and in the need to confront death and pay honor to those who have gone before us, but it is nonetheless a wonder to many that a holiday rooted in the ancient past of Mesoamerica should strike so deep a chord in the community of Oakland and the entire San Francisco Bay Area.

Pre-Hispanic Mexico

Awed by the eternal cycle of life and death and the need of sacrifice to assure the continuation of life, ages before the Spaniards came to the Americas, the peoples of ancient Mexico, particularly the Nahuas, of which the Mexica (generally called Aztecs) formed a part, celebrated the dead in a great feast quite different from the one we know today. It began on August 8, by the European calendar, and they called it *Micailhuitontli,* Small Feast of the Dead, to honor their dead children.* On that morning, the people went to the forest and cut down a tall, straight tree which they

*A simplified guide to pronouncing Nahuatl words is that vowels are pronounced the same as the Spanish vowels, as are most of the consonants. *Ç* is pronounced *z; c* before *i* or *e* is pronounced like *s* (*c* is pronounced *k* before *a, o, u*); *ch* is the same as in English, *h* is the aspirated *h;* double *l* is *l-l,* very similar to *l* in English; *q* is pronounced *k; x* is pronounced *sh.* Nahuatl words are accented on the next to last syllable.

Introducción

Cuando el Museo de California en Oakland [The Oakland Museum of California] inauguró la primera exposición en conmemoración de los Días de los Muertos en octubre de 1994, nadie hubiera pensado que diez años después sería la exposición más popular de todos sus programas anuales. En un sólo domingo en la celebración comunitaria de los Días de los Muertos de 2003, más de cuatro mil personas concurrieron al museo, y durante el curso de la exposición el museo se vio obligado a prorrogar sus horas hábiles para recibir la oleada de grupos escolares que venían a verla. La celebración de los Días de los Muertos se origina en la experiencia humana, primordial y universal de confrontar la muerte y rendirle honor a quienes nos han precedido. Sin embargo, es una marvilla para muchos que una fiesta que se remonta a la antigua Mesoamérica tocara una cuerda tan profunda en la comunidad de Oakland y en toda la bahía de San Francisco.

El México Pre-hispano

Asombrados por el ciclo eterno de la vida y la muerte y la necesidad del sacrificio para asegurar la continuación de la vida, el pueblo del México antiguo, en particular los Nahuas de los cuales los Mexica (generalmente llamados Aztecas) formaban parte, celebraban a los muertos en una gran fiesta muy distinta a la que hoy conocemos. Empezaba el 8 de agosto del calendario europeo y la llamaban Micailhuitontli*, pequeña fiesta de los muertos, para hacerles honor a sus niños difuntos. Esa mañana, la gente salía al bosque y cortaba un árbol alto y derecho que luego llevaban a las puertas de la ciudad. Allí, por veinte días, bendecían el árbol y lo despojaban de su corteza.

*Guía simplificado de pronunciación de palabras Náhuatl: las vocales se pronuncian tal como las vocales del castellano tanto como son la mayor parte de las consonantes. La ç se pronuncia como s; c ante la i y la e se pronuncia como s (la c se pronuncia k ante a, o, u); la ch como la ch castellana; h como la j; ll como la l un tanto prolongada; q se pronuncia k; x se pronuncia sh, una suave ch. Las palabras Náhuatl llevan el acento en la penúltima sílaba; tomando esto en cuenta, el signo del acento no es necesario.

brought to the gates of the city. There, for twenty days, they blessed the tree and stripped it of its bark.

During those twenty days, they did ritual, sacrificed, feasted, danced, and made offerings to the dead of *cempoalxochitl* flowers, fire, copal, food, and drink. Then, on August 28, which they called *Huey Micailhuitl* (Great Feast of the Dead), in honor of their adult dead, they made a large figure of a bird perched on flowering branches out of amaranth seed dough, painted it brightly, and decorated it with colorful feathers. They fixed the dough bird to the end of the tree trunk, raised it in the courtyard of the Great Temple, and honored it with more offerings, singing, copal, dances, sacrifice, and bloodletting.

One hour before sunset, the young noblemen climbed the pole to bring down the figure of the bird. The youths who reached the top first and brought down the dough figure were much honored. They broke it up and passed it out among the people to eat; they called it "flesh of the god." Then they brought down the pole and broke it up, and everyone tried to take a piece of it back to their homes because it was holy.

The pole and its god-bird on flowering branches must have stood for the mythical Tree of Life that grew in the earthly paradise of Tamoanchan. The blood of sacrifice nourished the Tree of Life, just as Quetzalcoatl, Plumed Serpent, God of Life, shed his blood to create humankind. The ritual of the pole and the flesh of the god honored the fact that life cannot be separated from death; we live and die, and our deaths are the price of living.

Composed of both joy and pain, life is brief and uncertain, its end a question that disquiets the heart. Many poems addressing this sad truth were composed by the Nahua poets, the most famous of whom was Nezahualcoyotl, King of Texcoco, who said:

Durante esos veinte días, había rituales, sacrificios, festejos, bailes, y montaban ofrendas a los difuntos de flores de cempoalxóchitl, fuego, copal, comida y bebida. El día 28 de agosto, que llamaban Huey Micaílhuitl (Gran Fiesta de los Muertos) en honor de sus difuntos adultos, elaboraban la figura de un gran pájaro posado en ramas floridas confeccionada con masa de semilla de amaranto, la pintaban vivamente y la adornaban con plumas de vivos colores. Colocaban el pájaro en la punta del tronco, lo alzaban en el patio del Templo Mayor, y lo honraban con más ofrendas, canto, copal, danzas, sacrificios, y el derrame de sangre.

Una hora antes de la puesta del sol, los jóvenes de la nobleza escalaban el palo para bajar la figura del pájaro. Los que llegaban a la punta primero y bajaban la figura eran muy celebrados. Despedazaban la figura y la distribuían entre la gente para comerla; le llamaban "carne del dios." Entonces desbarataban el palo, y todos intentaban llevarse un pedazo a casa porque era sacro.

El palo y su pájaro-dios sobre ramas floridas quizás representaba el mítico Arbol de la Vida que crecía en el paraíso terrestre de Tamoanchan. La sangre del sacrificio nutría al Arbol de la Vida, tal como Quetzalcóatl, Serpiente Emplumada, Dios de la Vida, derramó su sangre para crear la humanidad. El ritual del palo y la carne del dios honraba lo inseparable de la vida y la muerte; vivimos y morimos, y nuestra muerte es el precio de vivir.

Compuesta de regocijo y de pena, la vida es breve e incierta, su fin una pregunta que inquieta al corazón. Los poetas Nahuas compusieron muchos poemas sobre esta triste verdad; el más famoso entre ellos fue Nezahualcóyotl, Rey de Texcoco, quien dijo:

¿Es verdad que se vive en la tierra?
¿Tal vez por siempre en la tierra?
¡Sólo un breve instante aquí!

Is it true that one lives on earth?
Perhaps forever on the earth?
Only a brief instant here!

Even the precious stones chip away,
even the gold falls apart,
even the precious feathers tear.
Perhaps forever on the earth?
Only a brief instant here!

Great Coatlicue, National Museum of
Anthropology, Mexico City

Gran Coatlicue, Museo Nacional de
Antropología, México, D.F.

The peoples of ancient Mexico created wonderful pieces of sacred art in which life and death are united. The greatest, perhaps, is the great Coatlicue (now in the National Museum of Anthropology in Mexico City), who was at one and the same time terrifying and life-giving, the goddess of life and death, Earth-Mother of the gods, of humankind: mother of all. They carved statues depicting Quetzalcoatl, God of Life, on one side, and on the other, Mictlantecuhtli, God of Death. They painted pictures of the gods of life and death indivisibly joined together, such as the ones in the *Codex Borgia,* one of the very few of their marvelous books that survive.

When someone died, a piece of green-stone was placed in his or her mouth to take the place of the heart. The people believed that most of the dead went to a gray region of shadows called Mictlan (Land of the Dead), led by a little dog through nine levels of trials. Only the warriors killed in battle, the victims of sacrifice, and the women who had died in childbirth went to the realm of the Sun. Suicides and those who drowned, or were struck by lightning, or died of certain illnesses associated with water went to the place of Tlaloc, God of the Rain. Children who died young went to the realm of Ometeotl, Lord/Lady of Duality, to be nursed by a tree in a place called Chichihualcuauhco.

Hasta las piedras preciosas se desmoronan,
hasta el oro se deshace,
hasta las plumas preciosas se rompen.
¿Tal vez por siempre en la tierra?
¡Sólo un breve instante aquí!

Los pueblos del México antiguo crearon maravillosas piezas de arte sacro en las que unían la vida y la muerte. Tal vez la de mayor importancia es la gran Coatlicue (actualmente en el Museo Nacional de Antropología de la Ciudad de México) que a la vez es aterrorizadora y dadora de la vida, diosa de la vida y la muerte, Tierra-Madre de los dioses, de la humanidad: madre de todo. Labraban estatuas con Quetzalcóatl (Dios de la Vida) de un lado y del otro, Mictlantecuhtli (Dios de la Muerte). Pintaban imágenes de los dioses de la vida y de la muerte indivisiblemente unidos tales como están representados en el Códice Borgia, uno de los muy pocos de sus maravillosos libros que quedan.

Cuando alguien moría, se le ponía en la boca un pedacito de piedra verde que tomaba el lugar del corazón. Se creía que la mayoría de los difuntos iban a una región de sombras grises llamada Mictlan (Lugar de los Muertos) guiados por un perrito que les llevaba por nueve niveles de aflicción. Solamente los guerreros muertos en batalla, las víctimas del sacrificio o las mujeres que habían muerto en el parto, iban al Reino del Sol. Los suicidas y los que habían muerto ahogados o caídos por un rayo, o que habían muerto por alguna enfermedad relacionada con el agua, iban al paraíso de Tláloc, Dios de la Lluvia. Los niños que morían de poca edad iban al reino de Ometéotl, Señor/Señora de la Dualidad, a un lugar llamado Chichihualcuauhco donde los amamantaba un árbol.

Mictlantecuhtli and Quetzalcóatl
Painting by Bea Carrillo Hocker adapted from
the *Codex Borgia*

Mictlantecuhtli y Quetzalcóatl
Pintada por Bea Carrillo Hocker, adaptada del
Códice Borgia

Mexico under Spain

These were the beliefs and the customs of the natives when the Spaniards came to Mexico and conquered Tenochtitlan and the Mexica empire in 1521. Along with the horse, the gun, and disease, the Europeans brought a new religion, Christianity. They called the people Indians and forced them to convert.

Some of the Christian beliefs were similar to the ancient ones: the Sun had demanded bleeding hearts torn from sacrificial victims to pay for life; God the Father required the bloody sacrifice of his only Son to pay for salvation. Coatlicue had conceived the god Huitzilopochtli without intercourse with a man; the virgin Mary had also miraculously conceived Jesus. The Indians ate the "flesh of the god" in a piece of amaranth dough; Christians ate the flesh of Christ in a piece of unleavened bread. Indians did penance; so did the Christians.

But some of the Christian beliefs were entirely new to the natives, such as the notion of a place where the dead went as either reward or punishment for how they had lived their lives: a happy heaven, with angels, saints, and gods (as they perceived the Trinity) and a painful hell, full of demons and evildoers. The new Mother of God was not terrible, as Coatlicue was, but sweet and demure as she stood on the black obsidian moon in front of the sun and wore the starry night sky for her cloak. Tonantzin, Mother of Us All, was now called Our Lady of Guadalupe, an Arabic place-name of Moorish Spain.

In spite of their conversion, the native people kept their ancient customs as best they could by adapting them to the demands of the new religion, transferring the old celebrations to the holidays of the Christian calendar. They were forced to change the rituals of their days of the dead but kept as their core the *ofrenda* (the altar with offerings to the dead). And they still grew (and do to this day) the yellow cempoalxochitl, the

Our Lady of Guadalupe, oil on tin, eighteenth century, Mexico. Collection of Rafael Jesús González

Nuestra Señora de Guadalupe, pintura al óleo sobre hoja de lata, siglo XIII, México. Colección de Rafael Jesús González

México bajo España

Estas eran las creencias y las costumbres del pueblo indígena cuando los españoles conquistaron Tenochtitlan y el imperio Mexica en 1521. Junto con el caballo, el cañón y la enfermedad, los europeos trajeron una nueva religión, el cristianismo. Les llamaron indios a la gente indígena y los forzaron a convertirse.

Algunas de las creencias cristianas eran parecidas a las creencias antiguas: el Sol había exigido corazones sangrantes arrancados de los sacrificados a cambio de la vida, Dios Padre requería el sacrificio sangriento de su único Hijo a cambio de la salvación. Coatlicue había concebido al dios Huitzilopochtli sin coito con hombre, la Virgen María también había concebido a Jesús milagrosamente. Los indios comían la "carne del dios" en un pedazo de masa de amarinto, los cristianos comían la carne de Cristo en un pedazo de pan sin levadura. Los indios hacían penitencia, los cristianos también.

Pero otras creencias cristianas eran enteramente nuevas para los nativos, una de ellas era la noción de un lugar a donde iban los muertos ya fuera como recompensa o castigo, según su comportamiento en vida: un paraíso feliz con ángeles, santos y dioses (tal como concebían la Trinidad) o un doloroso infierno lleno de demonios y malhechores. La nueva Madre de Dios no era terrible como Coatlicue, sino dulce y modesta, de pie sobre la luna de obsidiana negra, frente al sol y vestida con el manto estrellado de la noche. Tonantzin, Madre de Todos Nosotros, ahora se llamaba Nuestra Señora de Guadalupe, nombre árabe de la España mora.

A pesar de su conversión, los nativos conservaban, como podían, sus antiguas costumbres, adaptándolas a las exigencias de la nueva religión, trasfiriendo las viejas celebraciones a los días festivos del calendario cristiano. Forzados a cambiar los ritos de su culto a los muertos, sólo lograron conservar lo esencial que era *la ofrenda* (el altar con ofertas

cempoal, marigold, known popularly as *flor de muerto* (flower of the dead), which they used especially to honor the dead. They transferred the two Feasts of the Dead to the Christian Feasts of All Saints and All Souls. (Long before, between the eighth and eleventh centuries, the Christian Church itself had set the Feasts of All Saints and All Souls on the first and second of November, converting the ancient European Celtic feast of the harvest and of the dead, *Samhain* (sá-win), into a Christian holiday.)

The Melding of Two Cultures

Spanish art offered images of death similar to those the natives knew, in the martyred Christ and saints, and *memento mori* ("remember that you die") images of skulls from the medieval tradition of the Dance of Death. The conquered people merged their old symbols with those of the conquerors. The indigenous cross of the four cardinal points became the Christian cross. The Tree of Life came to refer to the Garden of Eden as well, and eventually gave rise to the beautiful clay *árboles de la vida* with birds on flowering branches that we know today. The amaranth-dough offerings were replaced by the popular wheat *pan de muerto* (bread of the dead).

One great change in the Spanish colonial period was the evolvement of humor and whimsy that we today associate with los Días de los Muertos and that make the holiday so uniquely Mexican. The Spanish may have brought these elements from the medieval tradition of the Feast of Fools (associated with Carnaval, *carne vale,* "farewell to the flesh"), where every-thing is equal and open to criticism, ridicule, and frivolity. "We are all equal in death and nothing is beyond mockery," this tradition said. And humor became a part of los Días de los Muertos that we know today.

In the latter part of the colonial period, the people began making sugar-candy skulls, brightly decorated with names spelled out in colored

a los difuntos). Seguían cultivando (y aún hoy en día cultivan) el cempoalxóchitl amarillo, el cempoal popularmente conocido como *flor de muerto* que usaban especialmente para honrar a los difuntos. Transfirieron las dos fiestas de los muertos a las fiestas cristianas, la de Todos los Santos y la de Los Fieles Difuntos (mucho antes, entre los siglos VIII y XI, la misma iglesia cristiana había fijado las fiestas de Todos los Santos y de Los Fieles Difuntos en el primer y segundo días de noviembre, así convirtiendo la antigua fiesta celta de la cosecha y de los muertos, Samhain [sau-hin], en fiesta cristiana).

La fusión de dos culturas

En el arte español, las imágenes de la muerte semejaban a las que los nativos conocían, tanto en los Cristos y santos martirizados como en las imágenes de calaveras del *memento mori* (acuérdate de que eres mortal) de la tradición medieval de la Danza de la Muerte. Los conquistados fundieron sus antiguos símbolos con los de los conquistadores. La cruz indígena de los cuatro puntos cardinales se volvió en la cruz cristiana. El Arbol de la vida llegó a aludir también al Jardín de Edén y eventualmente dio origen a los bellos "árboles de la vida" de barro que hoy conocemos. Las ofrendas de masa de amarinto fueron reemplazadas por el popular pan de muerto de trigo.

Un gran cambio durante la época colonial fue que el humor y el capricho entonces empezaron a asociarse con las fiestas de los Días de los Muertos, elementos que hacen singularmente mexicana esta fiesta. Los españoles quizás trajeron estos elementos de la tradición medieval de la Fiesta de Locos o Bobos (asociada con carnaval, *carne vale,* despedida a la carne) en la cual todo es igual y está sujeto a la crítica, burla y frivolidad. "Todos somos iguales ante la muerte y nada es salvo de la burla," nos dice esa tradición. Y el humor se hizo parte de los Días de los Muertos que hoy conocemos.

sugar, to exchange as tokens of affection among family and friends. They placed them on los Días de los Muertos altars along with the image of Guadalupe, the flowers, the water, the bread, the food and drink, the candles, and the copal that the old ways demanded. They also made toys in the shape of skeletons and little skeleton dolls of clay and papier maché that made fun of people and every sort of human activity. They made playfulness part of the tradition and took from death a little of its sting.

Another thing that the Spaniards brought was the *pasquín* (mocking verses scrawled on walls to which passing readers added their own lines and comments). Between 1535 and 1539, the first printing press in America was established in Mexico City, and soon pasquines printed on broadsheets were being pasted on the walls of public buildings. These eventually gave rise to the funny verses called *calaveras* ("skulls," also popularly meaning "empty-headed fools"), often illustrated with caricatures, through which the people freely criticized and mocked the rich and powerful who ruled their lives. The calavera became a part of los Días de los Muertos.

Corridos (ballads in the oral tradition whose themes often focus on current events) had grown to be the popular form of political expression by the time Mexico gained independence from Spain in 1821, and by the late nineteenth century, the corrido and the calavera had almost completely replaced the pasquín. Small print shops throughout the country published the most popular corridos and calaveras on broadsides of colored paper, disseminating information and ideas against the authoritarian Porfirio Díaz regime. The best-known of these presses was that of Antonio Vanegas Arroyo in Mexico City, made famous by the witty poet Constancio S. Suárez and by José Guadalupe Posada, a talented engraver. Posada illustrated the verses written by Suárez, who succinctly put the truth which is the soul of the calavera:

24

A fines de la época virreinal, se empezó a elaborar calaveras de azúcar vivamente decoradas con nombres deletreados en azúcar de colores y éstas se intercambiaban como muestras de afecto entre familiares y amigos. Las colocaron en los altares de los Días de los Muertos, junto con la imágen de la Virgen de Guadalupe, las flores, el agua y pan, la comida y bebida, las velas y el copal exigidos por las antiguas costumbres. También se elaboraron pequeños muñecos en forma de esqueletos hechos de barro y papel maché, los cuales hacían burla de la gente y de todo tipo de actividad humana. Hicieron del jugueteo parte de la tradición y le robaron a la muerte un poco de su punzada.

Otro elemento que los españoles trajeron fue el pasquín (versos burlones garabateados en las paredes y a los que la gente que pasaba añadía sus propias lineas y comentarios). Entre 1535 y 1539 la primera prensa de América fue establecida en la Ciudad de México y en poco tiempo se veían pasquines impresos sobre volantes, pegados en los muros de los edificios públicos. Con el tiempo, estos dieron origen a los versos chistosos llamados *calaveras* (o cabezas huecas), a menudo ilustradas con caricaturas, y con las que la gente libremente criticaba y se burlaba de los ricos y poderosos que regían sus vidas. La calavera se hizo parte integral de los Días de los Muertos.

Los corridos (romances en la tradición oral cuyos temas muchas veces se enfocan en eventos del día) se habían convertido en la forma popular de expresión política cuando México ganó su independencia de España en 1821. Para fines del siglo XIX, el corrido y la calavera habían reemplazado al pasquín casi por completo. Pequeñas prensas a lo largo del país publicaban los corridos y las calaveras más populares en hojas sueltas de papel colorido, divulgando información e ideas, muchas de estas en contra del régimen autoritario de Porfirio Díaz. La más notoria de estas prensas era la de Antonio Vanegas Arroyo en la Ciudad de Mexico, famosa por el

It is a most sincere truth
that this adage makes us see:
only one who was never born
can never a death's-head be.

Los Días de los Muertos in the Twentieth Century

These are some of the elements of los Días de los Muertos inherited
by the twentieth century. With the Revolution of 1910, modern Mexican
art exploded into its own, and the young artists repudiated not only the
French orientation of the Díaz era (1877–1911) but their own Spanish
heritage, idealizing their indigenous past. For the young artists of the
Revolution (José Clemente Orozco, Diego Rivera, Frida Kahlo, and
David Alfaro Siqueiros among them), Posada was the father of modern
Mexican art and they quoted his images in their own work. Indeed,
many of Posada's images (such as his Calavera Catrina) took on the
nature of icons that are now hard to separate from los Días de los
Muertos.

Rediscovering and reclaiming their Indian roots and folk arts and
festivals, modern Mexican writers, musicians, dancers, and graphic
artists created works that burst with images, sounds, colors of dazzling
brilliance and originality. But for the Indians, Mexico was a country
colonized for four hundred years, its dominant language and culture
European; what the writers, musicians, and painters accomplished was
to foment a new respect for, even to romanticize, indigenous custom
and form, not adopt them as an integral part of their own lives. The
artisans of the people continued to produce the ever popular los Días
de los Muertos sugar skulls and toys, of course—and the artists and the
new and growing educated middle class avidly collected them as *arte
popular* (folk art).

trabajo del ingenioso poeta Constancio S. Suárez y José Guadalupe Posada, grabador de gran talento. Posada ilustraba los versos de Suárez que puso en forma tersa la verdad que es el alma de la calavera:

> Es una verdad sincera
> lo que nos dice esta frase:
> Que sólo el ser que no nace.
> no puede ser calavera.

Los Días de los Muerto en el siglo XX

Estos son algunos de los elementos de los Días de los Muertos que heredó el siglo XX. Con la Revolución de 1910, el arte moderno Mexicano estalló y los artistas jóvenes renunciaron no solamente a la orientación francesa que prevalecía en la época del Porfiriato (1877–1911), sino también a su propia herencia española, al mismo tiempo que idealizaban su pasado indígena. Para los artistas jóvenes de la Revolución, entre ellos José Clemente Orozco, Diego Rivera, Frida Kahlo, y David Alfaro Siqueiros, Posada era el padre del arte moderno mexicano y muchas veces incluían sus imágenes en su propia obra. Muchas de las imágenes de Posada, tal como su Calavera Catrina, asumieron carácter icónico y hasta la fecha son difíciles de separar de los Días de los Muertos.

Calavera Catrina, by José Guadalupe Posada, c. 1895

Calavera Catrina, por José Guadalupe Posada, c. 1895

Al descubrir de nuevo y reclamar sus raíces indígenas así como sus artes populares y festivales, tanto los escritores, como músicos, danzantes y artistas gráficos del México moderno realizaron obras que estallaron con imágenes, sonidos, y colores de una brillantez y originalidad vislumbrante. Sin embargo, para los indios, México seguía siendo un país colonizado por cuatrocientos años, su lengua y cultura dominante europea. Los jóvenes artistas lograron fomentar un nuevo respeto, un tanto romántico, por las costumbres y formas indígenas, pero no las adoptaron como parte

To simply see the tradition of the Mexican Días de los Muertos as a quaint folk custom does it little justice. It has always been a religious practice alive with its own cosmology, vibrant with spiritual and emotional meaning for the people who participate in it. At their center, los Días de los Muertos are full of reverence, sorrow, and prayer; the levity is more peripheral, an aside. Without their core of belief, of spiritual and emotional power, los Días de los Muertos would hardly have survived to our day, much less inspired such art.

After the revolution, los Días de los Muertos lived on in Mexico among the indigenous populations close to their pre-Hispanic roots; thus it was a holiday of the poor, and most especially the rural poor. The urban middle class rarely put up Days of the Dead altars except as quaint displays of "indigenous" art. On All Souls Day, they might visit the cemetery and place flowers on the grave, perhaps attend Mass, but los Días de los Muertos were not modern, and the tradition was certainly more Indian than they would ever want to be. It was one thing to show off indigenous art, another to be Indian. That the urbanite Frida Kahlo affected Tehuana dresses and wore strings of heavy, pre-Hispanic greenstone about her slender neck did not make her Indian.

As Mexico became more urban and more industrialized, at least in the major cities, los Días de los Muertos became more secularized. Were it not for the indigenous communities faithful to their traditions, los Días de los Muertos might have gradually become merely a colorful Indian custom, a quaint though cherished symbol of national identity.

Los Días de los Muertos in the United States
In the late 1960s and early 1970s, however, there flared up a new interest from an unexpected quarter. United States intervention in Viet-Nam had flared into a full-blown war in which many citizens of Mexican descent

integral de sus propias vidas. Los artesanos del pueblo seguían produciendo las populares calaveras de azúcar y juguetes de los Días de los Muertos, y los artistas y la nueva y creciente clase media culta los coleccionaban ávidamente como arte popular.

Ver la tradición mexicana de los Días de Muertos como una costumbre curiosa del pueblo es hacerle poca justicia. Siempre ha sido una actividad religiosa viviente con su propia cosmología, vibrante con significado espiritual y emotivo para la gente que participa en élla. En su esencia los Días de los Muertos se caracterizan por la veneración, la oración, el rito y el duelo, la ligereza en sus celebraciones algo aparte. Sin sus creencias, sin la fuerza espiritual y emotiva, los Días de los Muertos no hubieran sobrevivido a nuestros tiempos, mucho menos a inspirar tal arte.

Despues de la revolución, los Días de los Muertos se seguían festejando entre la población indígena tradicional, de modo que era una fiesta de los pobres y especialmente los campesinos. La clase media urbana raramente ponía altares en los Días de los Muertos excepto como graciosas ostentaciones de arte "indígena." En el Día de los Fieles Difuntos ellos visitarían el cementerio, pondrían flores en la sepultura y tal vez asistirían a misa. En cambio, la costumbre de los Días de los Muertos no era cosa moderna sino una tradición demasiada india para ellos. Una cosa era ostentar arte indígena, otra cosa ser indio. De vestirse la urbana Frida Kahlo con trajes tehuanos y lucir en su delicado cuello pesados collares de piedra-verde prehispánicos, no la hacía india.

A la vez que México se volvia más urbano y más industrializado, al menos en las ciudades mayores, los Dias de los Muertos se hacían más secularizados. De no ser por las comunidades indígenas fieles a sus tradiciones, tal vez los Días de los Muertos se hubieran convertido simplemente en una costumbre india llena de colorido, un símbolo querido pero anticuado de la identidad nacional.

saw the U.S. invasion of Mexico (1846–48) reflected. At the same time, inspired by the Civil Rights Movement, the Farm Workers Movement led by César E. Chávez under the banner of Guadalupe went into full strike in the vineyards of California. These two events galvanized the identity of the young U.S. citizens of Mexican descent who began calling themselves *Chicanos*.

The quest for and formation of an identity is always a spiritual matter, a moral matter, a matter of empowerment, especially in a society which exerts such pressures to conform and assimilate. In 1970 the Chicano Moratorium against the Viet-Nam War coalesced a political and cultural movement with its own music, literature, and graphic arts, especially the mural. Walls in San Francisco, Los Angeles, and other cities throughout the U.S. blazed into color and images that drew inspiration from the mural movement of Mexico. They extensively quoted the work of Posada, Orozco, Rivera, Siqueiros, and Kahlo and incorporated such indigenist images as Sun Stones, eagles devouring serpents, plumed snakes, Guadalupes, and Zapatista *campesinos*. Chicano art— rooted in Mexican culture but of the United States—was something all its own.

In the late 1960s, some teachers of Mexican descent with ties to los Días de los Muertos tradition began to introduce it in the classroom. Also early in the 1970s, the Galería de la Raza, the Mexican Museum of San Francisco, the Mission Cultural Center of Latino Arts, and other galleries in San Francisco began to mount los Días de los Muertos exhibitions, inviting artists to create ofrendas. The same occurred in Los Angeles and quickly spread to other cities, such as Chicago, that have large Chicano and Mexican immigrant populations. And in the mid-1970s, El Teatro Campesino performed satirical skits with calavera characters for the workers in the fields. The richly layered los Días de los

Los Días de los Muertos en los Estados Unidos

A fines de los años 60 y principios de los 70, brotó un nuevo interés de un sector inesperado. La intervención de los Estados Unidos en Viet-Nam explotó en plena guerra y muchos ciudadanos de origen mexicano vieron reflejada en ella la invasión de México por los Estados Unidos (1846–48). Al mismo tiempo e inspirados por el Movimiento de Derechos Civiles de los Estados Unidos, los trabajadores del campo encabezados por César E. Chávez y bajo el estandarte de la Virgen de Guadalupe hicieron plena huelga en los viñedos de California. Los dos eventos galvanizaron la identidad de los ciudadanos estadounidenses de origen mexicano quienes empezaban a llamarse *chicanos*.

La búsqueda por y la formación de una identidad es siempre una cuestión espiritual, moral, y de apoderamiento, especialmente en una sociedad que ejerce tanta presión para asimilarse como en los Estados Unidos. En 1970 la Moratoria Chicana contra la guerra en Viet-Nam integró un movimiento político y cultural que contaba con su propia música, literatura y arte gráfico, sobre todo el mural. Los muros en San Francisco, Los Angeles y otras ciudades por todo los Estados Unidos brotaron en colores e imágenes que tomaban inspiración en el movimiento muralista de México. Extensivamente citaban la obra de Posada, Orozco, Rivera, Siqueiros y Kahlo e incorporaban imágenes indigenistas como piedras del sol, águilas que devoran culebras, serpientes emplumadas, Guadalupes, y campesinos zapatistas—el arte chicano, arraigado en la cultura mexicana pero hecho en los Estados Unidos, era algo singularmente propio.

A fines de los 60, algunos maestros de escuela de ascendencia mexicana con lazos a los Días de los Muertos, empezaron a montar altares en sus aulas de clase. A principios de los 70, tanto en la Galería de la Raza como en el Museo Mexicano de San Francisco, el Centro Cultural de Artes Latinas

Muertos customs that were traditionally practiced in that area to the south known as Mesoamerica, where the high cultures flourished, were not familiar in Aztlan (northern Mexico and what had become the U.S. Southwest), where native cultures were more nomadic. There ofrendas were not customary, and up to this point only appeared when people who had immigrated from the south put them up. But now los Días de los Muertos ofrendas and exhibitions began to appear in New Mexico, Texas, and elsewhere in the Southwest.

New Expressions for los Días de los Muertos
Avid to reclaim their Mexican—especially Mexican Indian—roots, Chicanos took the ofrenda, the element at the core of los Días de los Muertos, from its original matrix and made it into a new art form. Very few of the artists participating in these exhibitions had lived los Días de los Muertos traditions, though some elders and recent immigrants from south-central Mexico were drawn upon to create "traditional" ofrendas. These, even if they may not have included all the elements prescribed by tradition—the image of Guadalupe, the flowers, the water, the bread, the food and drink, the candles, the sugar skulls, the copal— did include an altar bearing offerings of some sort, as well as traditional incidental decorative elements like *papel picado* and streamers, and, if the ofrenda honored a particular person, photographs and personal mementos.

Though "traditional" ofrendas were occasionally exhibited in Mexico in museums and public spaces, often under the auspices of FONART (the National Fund for the Encouragement of Crafts) as samples of arte popular, the ofrenda had been, up to this point, solely a sacred and private expression of devotion and memorial created for the home, sometimes for the family tomb, occasionally for the church.

de la Misión y otras galerías en San Francisco, surgieron exposiciones de los Días de los Muertos con diferentes artistas invitados a montar sus ofrendas. Lo mismo ocurrío en Los Angeles y rápidamente se extendió a otras ciudades como Chicago con grandes poblaciones de chicanos e inmigrantes mexicanos. Y a mediados de los 70, el Teatro Campesino montó parodias satíricas con personajes de calavera para los trabajadores de campo. Esta rica y compleja tradición de los Días de los Muertos que se celebraba en la región al sur llamada Mesoamérica, donde florecieron las altas culturas, casi no se conocía en Aztlan (el México del norte y lo que ahora es el suroeste de los Estados Unidos) donde las culturas indígenas eran más nómadas. No se acostumbraban las ofrendas y solamente éstas aparecían cuando personas del sur inmigraban al norte. Pero ahora, las ofrendas y exposiciones de los Días de Muertos empezaban a aparecer en Nuevo México, Tejas y otras partes del suroeste.

Nuevas formas del arte para los Días de los Muertos

Ansiosos por reclamar sus raíces mexicanas y más su herencia mexicano-indígena, los chicanos sacaron la ofrenda, objeto central en los Días de Muertos, de su contexto original y la convirtieron en una nueva forma de arte. Pocos de los artistas que participaban en las exposiciones conocían de primera mano las tradiciones de los Días de los Muertos, pero algunos mayores y recién inmigrados del sur-central de México fueron invitados a montar ofrendas "tradicionales." Estas tal vez no contaban con todos los elementos prescritos: la imágen de Guadalupe, las flores, el agua, el pan, la comida y bebida, las velas, las calaveras de azúcar, y el copal, pero sí incluían ofrendas de algúno u otro tipo, además de elementos decorativos como el papel picado y las banderolas y si la ofrenda honraba a una persona específica, fotografías y recuerdos personales.

Ocasionalmente, se exhibían en México ofrendas "tradicionales" como

The intimate and devotional ofrenda now became a point of departure for more conscious works of art, giving way to public statements, often political in nature, incorporating the sociopolitical function of the calavera with the religious form of the ofrenda. It is true that many artists considered their work sacred art; they often created ofrendas to honor dead family, friends, or public figures, and they ritually consecrated the gallery space and the ofrenda by smudging with copal or sage. But the religious, sacred aspects became more broadly defined; the emphasis was on fine art. This was a new art form, a variation of installation art. In the context of the gallery, the term "ofrenda" is now popularly used for any installation on the theme of death. The intent of these ofrendas as works of art is often not so much to comfort as to disquiet.

This new interpretation of the traditions of los Días de los Muertos as art for the public very soon exerted its influence in Mexico, and ofrendas of a political nature, honoring public figures and commemorating political events, started to appear with more frequency in such public spaces as galleries, museums, libraries, community centers, and even government buildings. Furthermore, though los Días de los Muertos in such places as Michoacán, Morelos, Oaxaca, Tlaxcala, and Veracruz had always attracted visitors, popularization of the holiday in the U.S. tremendously increased the number of tourists to Mexico during those days, so that the cemeteries were overrun with urbanites and foreigners toting cameras.

Processions were another notable development in the United States. A procession sponsored by Self-Help Graphics in Evergreen Cemetery in Los Angeles that started in the 1970s, and another, sponsored by Galería de la Raza in San Francisco's Mission District in the 1980s, both became so popular that, with the novelty of costumes and samba bands, they were more like Halloween events or carnaval parades than traditional

muestras del arte popular en los museos y espacios públicos, frecuentemente bajo los auspicios de FONART (el Fondo Nacional para el Fomento de las Artesanías) pero hasta entonces, la ofrenda siempre había sido una expresión sacra y privada de devoción, creada para el hogar, algunas veces para la tumba familiar, y de vez en cuando para la iglesia.

La íntima y devota ofrenda familiar, ahora se volvió punto de partida para crear obras de arte para galería, dando lugar a declaraciones públicas frecuentemente de índole político, e incorporando la función sociopolítica de la calavera con la forma religiosa de la ofrenda. Es cierto que muchos artistas veían en su obra arte sacro. Frecuentemente creaban ofrendas que rendían homenaje a difuntos familiares, amigos o personajes públicos y ritualmente consagraban el espacio de la galería y la ofrenda, zahumándolas con copal o artemisa. Pero los aspectos religiosos y sagrados asumián una definición más amplia. Ahora, el énfasis era en el arte fino. Esto fue una nueva forma de arte, una variación en el arte de la instalación. En el contexto de la galería, la denominación "ofrenda" se usa popularmente para cualquier instalación con tema de la muerte. Frecuentemente, el objetivo de estas ofrendas como obra de arte es no tanto para consolar como para inquietar.

Esta nueva manifestación de los Días de los Muertos como arte público muy pronto ejerció su influencia en México. Ofrendas que honraban figuras públicas y recordaban acontecimientos políticos empezaron a aparecer con más frecuencia en los espacios públicos como galerías, museos, bibliotecas, centros comunitarios y hasta edificios del gobierno. Aunque las fiestas de muertos en tales lugares como Michoacán, Morelos, Oaxaca, Tlaxcala y Veracruz siempre habían atraído visitantes, la popularización de las fiestas en los Estados Unidos ocasionó un aumento del número de turistas a México durante esos días a tal grado que los cementerios se desbordaban con gente urbana y extranjeros cargados de cámaras.

honoring of the dead. Interestingly, in the city of Oaxaca since the seventies, *comparsas,* skull-masked and skeleton-costumed bands, probably influenced by the U.S. Halloween, began to gain prominence in los Días de los Muertos celebrations, adding an element of carnaval to the feast.

Los Días de los Muertos in the Oakland Museum of California
In 1994, the Oakland Museum of California, at the recommendation of its Latino Advisory Committee, mounted its first los Días de los Muertos exhibition of ofrendas. From the beginning, there was a conscious effort to keep a balance between traditional ofrendas and ofrendas as fine art installations. The museum invited community groups and schools, as well as artists, to create them, at times blurring the distinction between folk-art and fine art, extending the boundaries of both.

An event as captivating and moving as the museum's eight-week-long exhibition of ofrendas is the Community Celebration for the Days of the Dead, usually held the next-to-last Sunday of October. It began primarily as a festival, with an opening ceremony prior to performances of Mexican music and dances, demonstrations by traditional Mexican artisans, the making of simple Mexican-inspired crafts by the children, Mexican food for sale by invited restaurants and community groups, a *mercado* of invited local merchants selling Mexican arts and crafts associated with los Días de los Muertos, the painting of skull-faces on whomever wanted to wear one, and a concluding community circle ceremony.

Asserting the spiritual significance of the celebration, in 1998 the Los Días de los Muertos Committee made the creation and dedication of a large community ofrenda, with all the traditional elements to honor the ancestors and the dead of the community, the focal point of the celebration. The making and dedication of the community ofrenda is solemn ritual filled with color. The altar is blessed and consecrated with the smoke

Las procesiones fueron otro acontecimiento notable en los Estados Unidos. Una procesión auspiciada por Self-Help Graphics en el cementerio Evergreen de Los Angeles se inició en los años 70 y otra bajo los auspicios de la Galería de la Raza en el distrito de la Misión de San Francisco en los 80. Ambas se hicieron tan populares que con la novedad de disfraces y conjuntos de samba, se parecían más a espectáculos de Halloween o bien desfiles de carnaval que homenajes tradicionales a los difuntos. Es interesante observar que en la Ciudad de Oaxaca desde los 70, las comparsas enmascaradas de calaveras y disfrazadas de esqueletos, quizás influenciadas por el Halloween de los Estados Unidos, empezaron a destacarse en las celebraciones de los Dias de los Muertos, agregando un elemento de carnaval a la fiesta.

Días de los Muertos en el Museo de California en Oakland

En 1994 el Museo de California en Oakland montó su primera exposición de ofrendas por los Días de los Muertos bajo recomendación del Comité Asesor Latino. Desde el principio hubo un esfuerzo consciente por mantener un equilibrio entre las ofrendas tradicionales y las de instalación de arte fino. El museo invitó tanto a grupos de la comunidad y escuelas como a artistas individuales a montar sus ofrendas. Hubo veces que se borraba la diferencia entre el arte popular y el arte fino, a la vez que se ampliaban los límites de ambos.

Un evento tan cautivador y conmovedor como la exposición es la Celebración Comunitaria de los Días de los Muertos generalmente celebrada en el penúltimo domingo de octubre. Al principio, la celebración se concibió como una especie de festival con música y bailes mexicanos, demostraciones de artesanía con artesanos mexicanos, talleres para los niños, comida mexicana de venta por restaurantes y grupos de la comunidad, un mercado de comerciantes locales con arte y artesanía mexicana

of copal. As each of the tradition-prescribed elements of the ofrenda is ritually placed upon the altar, its significance is narrated.

The museum honors various Latino community service groups by inviting them to raise, around the community ofrenda, smaller ofrendas oriented to the four cardinal points according to indigenous Mexican tradition: East for the men, South for the children, West for the women, North for the elderly. Other ofrendas are dedicated to the healing of specific wounds suffered by the community and by the world. There are ofrendas to the youth who have died through violence and ofrendas to the victims of war.

Creating the los Días de los Muertos Community Celebration
The museum's Los Días de los Muertos Committee, composed entirely of volunteers from the Latino community, has always insisted that the spiritual basis of the holiday inform the annual Community Celebration. "Spirituality," an awkward and overused term, refers to something not easily defined but always marked by a sense of reverence, awe, affinity, of a place in the scheme of a vast and transcendent order. It must inform the celebration, so that it is a true honoring of the ancestors and beloved dead. The day is begun with a formal ritual, and those participating in the community ofrenda are blessed with copal or sage. Then when the doors are opened, the public joins the procession into the museum gardens, where the ofrendas to the four directions are ritually blessed and dedicated. The community ofrenda is then completed and dedicated, and the music, dance, and theater that follow are performed before the ofrenda and offered to the ancestors, the dead, even as they are performed for the delight of the living—for in Mexico, the lines between the sacred and the profane, between sorrow and joy, blur; life and death are all of a piece. At the end of the day, everyone is invited to gather in a community circle for

relacionados con los Días de los Muertos, el maquillaje de calavera para quien quisiera, y al concluir, una ceremonia comunitaria en círculo.

En 1998, con el objetivo de afirmar el carácter espiritual de la celebración, el Comité de los Días de los Muertos tomó la decisión de organizar una gran ofrenda comunitaria como foco principal de la ocasión, un altar con todos los elementos tradicionales para honrar a nuestros antepasados y difuntos de la comunidad. La creación y dedicación de la ofrenda es un rito solemne lleno de colorido. El altar es bendecido y consagrado con humo de copal. Mientras cada elemento de la ofrenda se coloca sobre el altar, se narra su significado.

En reconocimento de su valioso trabajo en la comunidad latina, el museo invita a varios grupos de servicios sociales a montar alrededor de la ofrenda comunitaria, otras pequeñas ofrendas a sus difuntos. Estas están ubicadas en los cuatro puntos cardinales según la tradición indígena mexicana: al este para los hombres, al sur para los niños, al oeste para las mujeres, y al norte para los ancianos. Otras ofrendas son dedicadas para sanar las heridas sufridas por la comunidad y el mundo, por ejemplo los jóvenes muertos por la violencia y las víctimas de guerra.

Creando la Celebración Comunitaria de los Días de los Muertos

El Comité de los Días de los Muertos del Museo, integrado enteramente por voluntarios de la comunidad latina, siempre ha insistido en que la base espiritual de la fiesta infunda la Celebración Comunitaria. La "espiritualidad", un término torpe y demasiado usado, se refiere a algo no fácil de definir pero que se manifiesta por la reverencia, la veneración, el sentido de afinidad y de lugar en el esquema de un orden vasto y trascendente. Debe infundir la celebración para que sea un verdadero homenaje a los antepasados y a los queridos difuntos. El día empieza con un rito formal y los participantes en la ofrenda comunitaria son bendecidos con copal,

a ceremony to further invoke and remember the dead, and to thank them for what they have given us, and to share a few words with one another in expression of community.

Knowing that its work must be healing and hence sacred, the committee often opens its meetings with ritual in preparation for its discussions. How much should we adhere to the forms of these ancient traditions and how much may we modify them to meet today's sensibilities and infatuation with novelty? Should we continue to make the community ofrenda in accord with Mexican tradition or should we incorporate elements from other Mesoamerican regions, such as the Cruz Vestida (Dressed Cross) of Guatemala and the pine wreath of El Salvador? Should we include similar traditions from around the world? How much would be lost in identity, how much gained in universality by such innovation? Such discussion is of great import, as almost all of the members of the committee are natives of the United States who did not grow up with los Días de los Muertos traditions, and some are Latinos of other-than-Mexican heritage, and all face the challenge of learning its history and customs in the course of their work in order to own the spiritual base of the tradition, to give its mythic truths life in a twenty-first-century urban setting.

In Mexico, the Days of the Dead are still observed with deep emotion and spiritual devotion by the many who are heirs to the tradition, as well as others who are taking up the practice. In the United States, whose mainstream culture lacks a holiday devoted to the dead, many are borrowing los Días de los Muertos traditions, respectfully adapting them to their own needs and circumstances, putting up altars every year to honor their dead in the privacy of their homes. In these past ten years, the los Días de los Muertos exhibitions, Community Celebration, and programs at the Oakland Museum of California have become a living tradition which the San Francisco Bay Area communities observe in greater and greater

artemisa o salvia. Cuando luego se abren las puertas del museo, el público acompaña la procesión a los jardines donde las ofrendas de los puntos cardinales son bendecidas y dedicadas. Luego se completa y se dedica la ofrenda de la comunidad, y entonces se ofrece música, danza y teatro a los antepasados, a los difuntos, al mismo tiempo que la gozan los vivos—pues en México los límites entre lo sagrado y lo profano, entre el duelo y la alegría se borran; la vida y la muerte existen inseparables. A fines del día todo mundo está invitado a reunirse en círculo para la ceremonia de clausura en la que los muertos están invocados y recordados por última vez ese día, y se les da gracias por todo lo que han hecho por nosotros, y al cerrar el círculo, se comparten unas cuantas palabras uno con el otro como expresión de comunidad.

Reconociendo que su labor debe tener el efecto de sanar y por lo mismo es sagrado, el comité muchas veces inicia las reuniones con un rito en preparación para las discusiones. ¿Cuánto debe adherirse a las formas de esa antigua tradición y cuánto debe modificarlas para satisfacer las sensibilidades de hoy en día y la obsesión por la novedad? ¿Se seguirá montando la ofrenda de la comunidad según las tradiciones mexicanas o se incorporarán elementos de otras regiones de Mesoamérica, tales como la cruz vestida de Guatemala y la guirnalda de pino de El Salvador? ¿Se incluirán tradiciones similares del mundo entero en estas celebraciones? ¿Cuánto se perdería en identidad, cuánto se ganaría en universalidad por tal innovación? Tales discusiones son de suma importancia puesto que casi todos los miembros del comité son nacidos en los Estados Unidos y no se criaron con las tradiciones de los Días de los Muertos. Algunos miembros no son mexicanos, pero todos se enfrentan al reto de aprender la historia y las costumbres de esta fiesta para hacerse parte de la base espiritual de la tradición y así darle vida a sus verdades míticas en el marco urbano del siglo XXI.

*Some U.S., Canadian, and other foreign artists in such centers as San Miguel de Allende are now producing los Días de los Muertos "folk art" for export to the U.S. and abroad. Stores of arts and crafts from around the world, such as Global Exchange in the San Francisco Bay Area, now sell little death-figures and glass boxes from Perú and Bolivia painted with Posada images, bamboo curtains from Viet-Nam painted with Posada images, wood stamping-blocks from Nepal with Mexican *milagro* images, and skull-shaped votive candle holders from China. And of course more and more artifacts, calendars, and books with los Días de los Muertos themes are being produced in the United States.

numbers every year, paying honor to the Mexican and other Mesoamerican cultures in which much of the population is rooted, and filling a great aesthetic and spiritual need for the community at large.

Los Días de los Muertos tradition, as it is practiced in Mexico, comes down to us from the shades of our pre-European past, a vital tradition laden with historical, religious, and spiritual meaning. It will change as it continues to be popularized and as the cultures that nurture and maintain it struggle to keep their identities in the face of the demands of the twenty-first century, with its push towards globalization not only of economics but of culture.* Meanwhile, in Oakland, we will hope to create this annual exhibition and celebration—a tradition for our times—for as long as the community finds in it aesthetic and spiritual fulfillment.

Rafael Jesús González

En Mexico, todavía se celebran los Días de los Muertos con profunda emoción y devoción espiritual, tanto entre los herederos de la tradición como otros que están adoptando la práctica. En los Estados Unidos, donde la cultura predominante carece de una fiesta dedicada a los muertos, muchos toman de las tradiciones de los Días de los Muertos, respetuosamente adaptándolas a sus propias necesidades y circunstancias, colocando altares cada año para honrar a sus difuntos en la intimidad del hogar. En los últimos diez años, las exposiciones de los Días de los Muertos, la celebración comunitaria y los programas paralelos del Museo de California en Oakland se han convertido en una tradición vital que las comunidades de los alrededores de la Bahía de San Francisco observan en números crecientes cada año, rindiendo honor a las culturas mexicanas y mesoamericanas en que mucha de la población está arraigada, y llenando la gran necesidad estética y espiritual de la comunidad en general.

La tradición de los Días de los Muertos como se practica en México nos llega desde los albores de nuestro pasado preeuropeo, una tradición vital cargada de significado histórico, religioso y espiritual. Cambiará mientras continúe popularizándose y mientras las culturas que la nutren y mantienen, luchan por preservar su identidad ante las exigencias del siglo XXI con su empuje hacía la globalización no sólo económica, sino también cultural.* Mientras tanto, en Oakland, seguiremos montando la exposición y celebración anual—tradición para nuestros tiempos—en tanto que la comunidad encuentre en ella satisfacción estética y espiritual.

Rafael Jesús González

*Algunos estadounidenses, canadienses, y otros artistas extranjeros en lugares como San Miguel de Allende ahora producen "arte popular" de los Días de los Muertos para exportación a los Estados Unidos y al extranjero. Tiendas de artes y artesanías de alrededor del mundo, como Global Exchange (Intercambio Global) en la zona Bahía de San Francisco ahora venden figuritas de la muerte y cajas de vidrio del Perú y Bolivia pintadas con imágenes de Posada, cortinas de bambú de Viet-Nam pintadas con imágenes de Posada, bloques de madera para estampar de Nepal con imágenes de milagros mexicanos y vasos de vidrio para veladora en forma de calavera, hechos en China. Y por supuesto cada vez más artefactos, calendarios y libros con temas de los Días de los Muertos se producen en los Estados Unidos.

The Los Días de los Muertos Exhibition

Since its inauguration, the Oakland Museum's Days of the Dead exhibition has been conceived as an exhibition by community for community. Student and community group ofrendas (commemorative altars) share gallery space with the work of trained and accomplished artists. Some ofrendas maintain the traditional form while others are recontextualized into nontraditional contemporary fine art expressions. Each is given equal attention and expertise by all manner of staff. Artists and altar makers are given voice and presence through the placement of personal written statements accompanied by their photographs. This has been an effective approach as the community has embraced the annual exhibition wholeheartedly. The museum's galleries fill with students of all ages and a community that is incredibly diverse in every aspect. New themes are selected each year to focus on different facets of the Days of the Dead celebration.

The installations unfold universal stories of loss, sorrow, gratitude, history, brotherhood, and pride in one's culture, as well as declarations of indignation at the destructive actions of humankind. Latino artists often create pre-Conquest ancestral worlds employing images and symbols with such skill that each reveals a wide range of philosophical and religious ideas and historical facts. Always present are those installations that express the satirical, humorous, festive air that characterizes Mexico's urban Days of the Dead celebrations and its related folk art.

Though each year the ofrendas present a diversity of approach and expression, there is a common underlying theme: a celebration of life through an honoring of the dead.

Bea Carrillo Hocker
Guest Curator, 1994–2000
Education Consultant, 2001–2004

Exposición de los Días de los Muertos

Desde su inauguración, la exposición de los Días de Muertos del Museo de California en Oakland, se concibió como una exposición de la comunidad y para la comunidad. Tanto las ofrendas—o altares conmemorativos—de los estudiantes y grupos de la comunidad como el trabajo de los artistas profesionales comparten el mismo espacio de la galería. Algunas ofrendas siguen las formas tradicionales mientras que otras son expresiones del arte contemporáneo. El personal del museo les da a todas la misma atención. A los artistas y a los constructores de altares se les da voz y presencia al colocar sus escritos personales junto con sus fotografías. El resultado ha sido extraordinario, ya que la comunidad ha acogido de todo corazón esta exposición anual. Las galerías del museo se llenan de estudiantes de todas las edades y de una comunidad increíblemente diversa en todos aspectos. Cada año se escogen nuevos temas para enfocar en las multiples manifestaciones de estas celebraciones a los muertos.

Las instalaciones presentan historias universales de pérdida, tristeza, gratitud, historia, hermandad y orgullo de la propia cultura así como declaraciones de indignación por las acciones destructivas de la humanidad. A menudo los artistas latinos crean mundos ancestrales de la época preconquista y emplean imágenes y símbolos con tal habilidad, que cada uno revela una vasta gama de ideas filosóficas, religiosas y de hechos históricos. Desde luego, siempre están presentes las instalaciones que captan el aire satírico, el humor y el espíritu festivo que caracteriza la celebración urbana de México de los Días de los Muertos y su correspondiente arte folklórico.

Cada año los grupos y los artistas desbordan su imaginación para enriquecer las ofrendas y su obra, pero siempre hay un tema común fundamental: una celebración de vida al honrar a los muertos.

Bea Carrillo Hocker
Curadora Invitada, 1994–2000
Consultora Educativa, 2001–2004

This ofrenda is dedicated to one of Oakland's community angels, Sr. Trinidad López, a California-born Chicano whose experiences were rich with tradition, family, community activism, and personal growth.

Trini was born in 1936 to immigrant parents from Jalisco, Mexico. He enlisted in the U.S. Army and in 1960 married his childhood sweetheart, Josefina Bernarda Ortega. Later, although they had four children, Trini and Josefina took a giant leap of faith and left their jobs, sold their home, and enrolled at the University of California, Berkeley, during the height of the Free Speech and Chicano Movements. Trini became an activist, ran for office under the La Raza Unida party, and joined the Mexican American Political Association (MAPA), Amigos de Oakland, the Oakland Hombres Council, and other community groups. In 1995, he and Josefina opened Corazón del Pueblo in East Oakland, a cultural center and folk art store devoted to promoting the richness of Mexican culture and serving as a community resource for educational materials. Trini was such a part of Oakland's Days of the Dead celebration that we feel he will always be there, selling the calaveras of which he was so proud.

Esta ofrenda se dedica a un ángel de la comunidad de Oakland, el señor Trinidad López. Nacido en California en 1936 de padres inmigrantes de Jalisco, México, Trini gozaba de una vida rica en tradiciónes, familia, activismo comunitario y desarrollo personal. Se enroló en el Ejército de los Estados Unidos y en 1960 se casó con su novia de la infancia, Josefina Bernarda Ortega. Más tarde y ya teniendo cuatro hijos, Trini y Josefina se arriesgaron con una gran fe en sí mismos y dejaron sus trabajos, vendieron su casa y se inscribieron en la Universidad de California, Berkeley, durante el apogeo de los movimientos pro-Chicano y Free Speech (libertad de expresión). Trini se hizo activista y lanzó su candidatura por el partido La Raza Unida, luego se unió a la "Mexican American Political Association (MAPA), Amigos de Oakland, el "Oakland Hombres Council" y otros grupos comunitarios. En 1995, la pareja inauguró Corazón del Pueblo en East Oakland, tanto un centro cultural como una tienda de arte folklórico con objeto de promover la riqueza de la cultura mexicana y servir a la comunidad como recurso de materiales educativos. Trini estaba muy involucrado en la celebración de los Días de Muertos, y sentimos que siempre estará aquí, vendiendo las calaveras de las cuales se sentía muy orgulloso.

Juana Briones Tapia de Miranda was the daughter of Californios, an independent spirit, a humanitarian, a savvy businesswoman, and a *curandera*-healer. She was one of the first three residents of Yerba Buena (later known as San Francisco) and it was by yerba buena that she became known—she would gather the minty "good herb" to make a tea that welcomed travelers to her western outpost.

Juana Briones aided runaway teenage sailors by sheltering them on her brother's *rancho* across the San Francisco Bay in Pinole. She launched a prosperous business selling fruit and vegetables to ships' crews. She raised nine children after leaving her abusive husband, took in orphans and administered to those in need, and in 1844 she purchased the 4,400-acre Rancho La Purísima Concepción, a rare feat for any Californio—especially a woman.

As a native San Franciscan, I see her as a heroine, deserving of a place alongside California's better-known "founding fathers."

Juana Briones Tapia era hija de Californios, de espíritu independiente, humanitaria, una inteligente mujer de negocios, y además muy buena curandera. Fue una de los primeros habitantes de la Yerba Buena (ahora conocido como San Francisco). A ella se la conocía por la hierbabuena, pues recogía las flores de esta planta medicinal y hacía una infusión que ofrecía a los viajeros que llegaban a su alojamiento.

Juana Briones ayudó a muchos marineros jóvenes fugitivos, refugiándolos en el rancho de su hermano en Pinole, un pueblo del otro lado de la bahia de San Francisco. Emprendió un negocio muy próspero vendiendo frutas y verduras a la tripulación de los barcos. Después de abandonar a un esposo abusivo, educó a nueve hijos, además aceptó a huérfanos, y ayudó a los necesitados. En 1844, compró el rancho La Purísima Concepción, de 4,000 acres, hecho inusitado para cualquier Californio y sobre todo para una mujer.

Como nativa de San Francisco, la considero una heroína que merece un lugar al lado de los llamados "padres fundadores" de California.

Juana
Briones Tap
Mia González

In this life we are all passengers . . .
Some go to glory . . .
Others go to damnation . . .
We are always passengers of life. We travel a
constant journey, always moving, always traveling
Until we pass on to form part of another world,
the world of the dead . . .
The important thing is that, whether here or there,
this movement, this constant traveling, this eternal
passing from one place to another, always brings
us to a better place.

My installation represents passages from my
childhood, memories and images that remain
recorded in my mind, forming a part of the
baggage that I carry inside myself and that will
be the only thing I bring with me when I make
the journey to Mictlan.

En esta vida todos somos pasajeros . . .
Algunos van a la gloria . . .
Otros se condenan . . .
Siempre somos pasajeros de la vida. Viajamos
constantemente, siempre en movimiento, siempre
viajando.
Hasta que pasamos a formar parte del otro
mundo, el mundo de los muertos . . . Lo importante es que, ya sea aquí o allá, este movimiento,
este constante viajar, este pasar eterno de un lugar
a otro, siempre nos lleva a un lugar mejor.

Mi instalación representa pasajes de mi niñez,
recuerdos e imágenes que han permanecido en
mi mente y que forman parte del bagaje que llevo
dentro de mí y que será lo único que me llevaré
cuando haga el viaje a Mictlán.

Dedicated to Our Indigenous
Peoples Killed by War /
Dedicado a nuestros
indígenas muertos por
las guerras

Ernesto Hernández Olmos

This mural incorporates imagery and symbols from the three present-day countries that are part of indigenous Mesoamerica: El Salvador, Guatemala, and central and southern Mexico. It welcomed visitors at the entrance to the 2002 exhibition *Espíritu sin Fronteras: Ofrendas for the Days of the Dead,* which illustrated the regional expressions of the holiday as celebrated in those countries.

On the left, musicians honor their dead against the backdrop of Guatemala's lake at Santiago Atitlan. High in the sky, a kite sends the prayers of the living to their ancestors. In the middle are sugar skulls, particular to Mexico, where they "sweeten" death. On the right, la Santa Muerte (Holy Death) wears textiles of the Maya of Mexico and Guatemala, and she holds a corn *tamal* and *chicha,* a drink made from fermented corn. She watches over houses rendered in the artistic style of El Salvador, as well as tombstones inscribed with the names of countries where indigenous peoples have been killed by wars. Above is the rising sun, representing the promise that the deceased will rise each year to visit loved ones.

En este mural se ven imágenes y símbolos de los tres países que forman parte de Mesoamérica indígena: El Salvador, Guatemala y el centro y sur de México. El mural daba la bienvenida a los visitantes a la entrada de la exposición 2002 *Espíritu sin Fronteras: Ofrendas para los Días de los Muertos,* en que se destacaban las manifestaciones regionales de esta festividad, según se celebraba en esos países.

A la izquierda, los músicos honran a sus muertos, teniendo como fondo el lago de Santiago Atitlán, Guatemala. Arriba, en el cielo, una cometa envía las oraciones de los vivos a sus antepasados. En medio, las calaveras de azúcar, la especialidad de México , sirven para " endulzar" la muerte. A la derecha, la Santa Muerte se viste con los textiles de los mayas de México y Guatemala, ella sostiene un tamal de maíz y chicha, una bebida hecha del maíz fermentado. Vigila las casas hechas al estilo artístico de El Salvador, así como las tumbas inscritas con los nombres de los países en donde sus indígenas murieron por las guerras. Arriba está el sol naciente que representa la promesa de que cada año los muertos se levantarán para visitar a sus seres queridos.

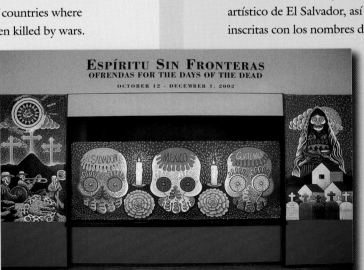

. . . Last night while I was sleeping
I dreamt, blessed illusion!
that I had a beehive in my heart
and the golden bees
were fabricating,
from old bitterness,
white wax and sweet honey.

Antonio Machado

In 2000, investigations of the massacre at El
Mozote continued in the state of Morazán, El
Salvador. The massacre in 1981 claimed more than
one thousand victims, and exhumations in 1992
confirmed charges of mass murder by the military.
The investigation was reopened in 2000 in two
neighboring villages, Jocote Amarillo and La Joya.
Of the thirty-seven human remains found, twenty-
four were children, none more than ten years old.
Many were infants at the time of death.

   After two and a half months collaborating
in this exhumation as part of a scientific forensic
team, I returned to California unable to predict
how and if I could ever create art again. Antonio
Machado's poem served as a compass in a land-
scape of sorrow. The possibility of gentle trans-
formation from bitterness into something "else,"
perhaps even with the quality of beauty, inspired
the creation of this installation which is, above
all, an homage to the children of Morazán.

. . . Anoche mientras dormía
soñé, ¡bendita ilusión!
que una colmena tenía dentro de mi corazón
y las doradas abejas
iban fabricando en él
con las amarguras viejas
blanca cera y dulce miel.

Antonio Machado

En el año 2000, aún continuaban las investiga-
ciones de la masacre en El Mozote, estado de
Morazán, El Salvador. En 1981, las matanzas
ocasionaron más de mil víctimas, y en 1992 las
exhumaciones confirmaron el cargo por asesinato
masivo de los militares. En el 2000, se abrió de
nuevo la investigación en dos pueblos vecinos,
Jocote Amarillo y La Joya. De los treinta y siete
cadáveres que encontraron, veinticuatro eran niños
de no más de diez años de edad. Muchos eran bebés
cuando murieron. Después de más de dos meses
de colaborar en la exhumación en un equipo
científico forense, regresé a California incapaz
de predecir si jamás podría volver a hacer arte. El
poema de Antonio Machado me servio de brújula
en un paisaje de dolor. La esperanza de vivir una
transformación de la amargura en algo más, que
tal vez incorporara la calidad de belleza, me inspiró
a realizar esta instalación que es, sobre todo, un
homenaje a los niños de Morazán.

Steps Never Taken / Pasos que nunca se tomaron

Claudia Bernardi

In ancient Mayan spiritual traditions and beliefs, death was a continuation of life. We believe our ancestors are with us all the time. Every twenty days in the Mayan calendar we have *ajma'q,* which means "the ancestor who has gone to the underworld." On that day we do an offering.

The Mesoamerican concept of duality is depicted in the *ceiba,* the great Mayan Tree of Life, *el árbol de la vida.* The trunk of the tree represents the physical world in which we exist. The roots symbolize the *inframundo,* the underworld, beneath the ground. The branches, with leaves extending high into the sky, represent the place of the gods.

Only after the spirit completed its cleansing journey through the underworld would it join the gods in their heavenly home. Thus, the tree symbolizes the connections between the spiritual and physical realms, between human existence and spirituality.

This altar honors the lives, memories, and spirits of the Mayan people. They have died, and keep dying, in the struggle for the preservation of their culture, their traditions, and their ways and means of life, including the preservation of their land and the earth. Mayan culture remains strong, and we are still alive.

En las antiguas tradiciones y creencias mayas, la muerte era una continuación de la vida. Creemos que nuestros antepasados están con nosotros todo el tiempo. En el calendario maya, cada veinte días, contamos con *ajma'q,* que quiere decir "el antepasado que se ha ido al inframundo". En ese día hacemos una ofrenda.

El concepto mesoamericano de la dualidad está representado en la Ceiba, el gran Árbol Maya de la Vida. El tronco del árbol representa el mundo físico en que vivimos. Las raíces simbolizan el inframundo bajo la tierra. Las ramas, con hojas que se extienden hacia el cielo, representan el lugar de los dioses.

Solamente cuando el espíritu ha completado su viaje de purificación por el inframundo, podrá unirse a los dioses en su hogar celestial. Así, el árbol simboliza los lazos entre el reino físico y espiritual, y entre la existencia humana y la espiritualidad.

Este altar honra las vidas, recuerdos y espíritus del pueblo maya. Ellos han muerto y siguen muriendo en la lucha por conservar su cultura, sus tradiciones y su modo de vida, y luchan por la conservación de sus terrenos y la madre tierra. La cultura maya sigue fuerte y aún seguimos viviendo.

Continuation of Life / Continuación de vida

Grupo Maya
Qusamej Junan

Members:
Mariana Chuquin,
Enrique López,
Juanita Quintero,
Miguel Ros,
María Tojin,
Diana Vielman

Muralists:
Xochitl Guerrero and
Rebecca Rubi-Pacheco

Photographs in the ofrenda courtesy of photographer Jonathan Moller

I am honoring Roque Dalton by offering him *la presencia de su gente en blanco y negro*—his people in black and white. An altar must include bread, liquor, flowers, water, candles, cigars, fruit, or anything the dead enjoyed or relished in real life.

In this case, Dalton's people were his "bread," but more than just bread, they were his *alimento* (nutrition). His people were his "liquor," but more than liquor, they were his *embriaguez* (drunkenness). His people were his "flowers," but more than flowers, they were his *jardín* (garden). His people were his "glass of water," but more than a glass of water, they were his *sed* (thirst). His people were his "candles," but more than candles, they were his *luz* (light).

Hago homenaje a Roque Dalton al ofrecerle la presencia de su gente en blanco y negro. Un altar debe contar con pan, licor, flores, agua, velas, puros, fruta y cualquier cosa que el muerto haya disfrutado en vida. En este caso, el pueblo de Dalton era su "pan", pero más que solamente pan, ellos eran su alimento. Su gente era su "licor", pero más que licor, ellos eran su embriaguez. Su gente eran sus "flores", pero más que flores, ellos eran su jardín. Su gente era su "vaso de agua", pero más que un vaso de agua, ellos eran su sed. Su gente eran sus "velas", pero más que velas, eran su luz.

Entering the Tomb / Entrada al sarcófago

Carlos Loarca

This installation is dedicated to the memory of my brother, Tomás Arturo Loarca, who died in my arms in 2001. As he was dying I looked for Death, any shadow or spirit or current from out of this world. But I never experienced anything other than my own feelings.

In my installation, I have tried to recreate childhood memories of visiting the tombs. In November the weather is very cold in Quetzaltenango, Guatemala, and the early morning is dark and misty with fog. Wreaths of white and yellow flowers covered our entire bodies as we walked to the cemetery. We encountered our neighbors along the way. We went at a fast pace, all of us anxious to be with our deceased loved ones.

"The remembrance of the living creates the life of the dead" was written on the entrance wall of the cemetery. I always stopped to read it. Flowers were everywhere and thousands of people were passing through the walkways visiting their deceased relatives. It looked incredibly beautiful; it really was a work of art.

In the installation, a curtain evokes the morning mist that lends a mysterious light to all the bright colors behind it. An allusion to the flowers and textiles worn by the people shines through the mist. I wanted to capture that feeling of darkness and uncertainty that I remember, as well as the magical beauty of the experience.

Esta instalación está dedicada a la memoria de mi hermano, Tomás Arturo Loarca, quien murió en mis brazos en 2001. Cuando estaba muriendo, busqué a la Muerte, una espíritu o sombra, o corriente de fuera de este mundo, pero no sentía nada que no fueran mis propios sentimientos.

En mi instalación, intento resucitar los recuerdos de mi niñez cuando visitaba las tumbas. En noviembre, el clima es muy frío en Quetzaltenango, Guatemala y la madrugada es oscura y brumosa por la neblina. Guirnaldas de flores blancas y amarillas cubrían nuestros cuerpos cuando íbamos caminando al cementerio. En el camino nos encontrábamos con nuestros vecinos e íbamos caminando rápido, ansiosos de estar con nuestros queridos muertos.

"Los recuerdos de los que viven dan vida a los muertos" decía la inscripción en la entrada del cementerio. Siempre me detenía a leerla. En el cementerio había flores por todas partes y miles de personas caminaban por los andadores visitando a sus muertos. Todo se veía increíblemente hermoso, parecía una obra de arte.

En la instalación hay una cortina que semeja la bruma matutina y le da una luz misteriosa a todos los colores brillantes que se encuentran detrás. Una alusión a las flores y los textiles de que se visten la gente brilla a través de la bruma. Quise capturar el sentimiento de oscuridad e incertidumbre que yo recuerdo, así como la belleza mágica de tal experiencia.

The feelings of warmth, love, and comfort that accompany the remedies administered by a *mamá, tía, abuela,* or *comadre* are powerful medicine. We wish to honor the *curanderas, yerberas, sobadoras,* doctors, counselors, artists, and all the women who have kept us alive physically, mentally, and spiritually.

The connection between healing, creativity, and survival long has been negated by a dominant society that cannot tolerate what it cannot understand. We wish to acknowledge the wisdom and the spirit that guided these women; to honor their traditions and to recognize that the compassion they brought to their patients is as crucial as technology in our roles as present-day healers.

Los sentimientos de cariño, amor y consuelo junto con los remedios que tanto la madre como la tía, la abuela o la comadre proporcionan, son en verdad una medicina muy poderosa.

Deseamos honrar a las curanderas, yerberas, sobadoras, doctoras, consejeras, artistas y a todas las mujeres que nos han mantenido vivos física, mental y espiritualmente.

El lazo que existe entre curación, creatividad y sobrevivencia siempre ha sido negada por la sociedad dominante que no tolera lo que no puede comprender. Deseamos hacer tributo a la sabiduría y al espíritu que guiaba a estas mujeres, honrar sus tradiciones y reconocer que la compasión que sentían hacia sus pacientes es tan decisiva como la tecnología que manejamos las actuales curanderas.

Honoring Our Healers / Homenaje a nuestras curanderas

National Latina Health Organization: Diane Aranda, Rosa Cruz, Carmelita LaRoche, and Luz Alvarez Martínez

Untitled / Sin título

Rodolfo Pérez

The echo of my mother's voice rings vividly in my memory: "If you think of your impending death, you will direct your life to becoming a better person." Because of her influence, death has become an eternal and soothing companion, much like a gentle wind flirting upon candlelight. It is my belief that we exist in a constant cycle of death and rebirth. We have the abundant pleasure to be born again and again, each time achieving a higher spiritual and intellectual level.

My altar was created in memory of the Mexican American singer Selena. Originally it was installed in the auditorium of Lazear School in Oakland as a vehicle for healing for the many students who were mourning Selena's death. Images from *lotería* cards (a Mexican game similar to bingo) form a Wheel of Fortune; the wheel's spinning reflects the uncertainty of our fates.

El eco de la voz de mi madre suena claro en mis recuerdos: " Si piensas en tu muerte inminente, hará que te empeñes a hacerte una mejor persona". Es por su influencia que la muerte ha sido para mí una compañera eterna, cuya presencia me arrulla, como un viento apacible que flirtea con la luz de una vela. Yo creo que existimos en un ciclo constante de morir y renacer. Gozamos del placer de nacer y de renacer, alcanzando una conciencia espiritual e intelectual cada vez más elevada.

Mi altar está dedicado a la memoria de la cantante mexicana-americana Selena. Al principio, fue instalado en el auditorio de la escuela primaria Lazear en Oakland para los muchos alumnos que querían expresar su dolor y tristeza por la muerte de esta talentosa joven. Imágenes de las cartas del juego *lotería* forman una especie de Rueda de la Fortuna, y el giro de la rueda refleja la incertidumbre de no saber cuál sea nuestro destino.

Before my grandmother died she told family members that she had hidden money. She died, however, before telling anyone where it was hidden. After her death, everything was turned upside down in an attempt to find the money—but to no avail.

One day my family was sitting around talking about how my grandparents fled the chaos and violence of the Mexican Revolution with my then-one-year-old mother. Like millions of others they had left their homes, families, and friends on a dangerous journey "al norte." It was during one of those storytelling sessions that someone remembered that because of the great dangers that existed on both sides of the border, she had hidden money and other items in her clothing. At that point my family decided to carefully inspect the beautiful, lovingly hand-sewn items throughout the house. Much to their surprise, they found more than $18,000 worth of coins and bills hidden in the hems and ruffles of curtains, bedspreads, blankets, clothing, and other items.

I have often wondered why my grandmother continued to hide money even after settling in the United States. Did she think she would be uprooted again? Had she deliberately not told anyone in order to preserve her memory, leaving the puzzle to be solved only by the family's retelling of her stories?

I often wonder what I would take with me if I had to pick up my life and carry it with me—to be scattered like a seed in the wind.

Antes de que mi abuela muriera le dijo a la familia que había escondido un dinero. Sin embargo, murió sin decir a nadie dónde lo había escondido. Después de su muerte, removieron toda la casa en busca del dinero, pero sin éxito.

Un día que estaba reunida la familia, contaban de cómo los abuelos habían huído del caos y la violencia de la revolución mexicana con su hijita, mi madre, que entonces tenía un año de edad. Como muchos otros, dejaron su hogar, sus familiares y los amigos para emprender un viaje peligroso al norte. Fue entonces durante esa sesión que alguien recordó que, debido al peligro que existía en ambos lados de la frontera, la abuela había escondido dinero y otras cosas en su ropa. En ese momento mi familia decidió buscar cuidadosamente en todos los hermosos artículos que ella había cosido a mano. Qué fue su sorpresa al encontrar más de 18,000 pesos en monedas y billetes escondidos en las bastillas y holanes de cortinas, colchas, cobijas, vestidos y otras prendas.

Hay veces que me pregunto porqué la abuela siguió escondiendo el dinero después de haberse establecido en los Estados Unidos. ¿Pensaría que se desarraigaría de nuevo? ¿Y porqué no le dijo nada a nadie—será porque así quiso conservar su recuerdo, dejando este misterio para que lo resolviera la familia solo a través de recontar su historia?

Yo me pregunto qué cosas llevaría conmigo si tuviera que arrancar mi vida y llevármela—para ser aventadas como semillas en el aire.

Immigrant
Woman's
Dress /
Vestido
de mujer
inmigrante

Ester Hernández

Las Otras: Sarah Applebaum, Natasha García-Lomas, Katy Krantz, and Carmen Murillo

Many lives have passed through this room. Here lived those who have danced until the neighbors complained, fought and punched holes in the walls, tossed restlessly in their sleep, hidden money under the mattress, written bad love poems, left crumbs in the bed, and laughed until they cried. In this curious room, life and death coexist.

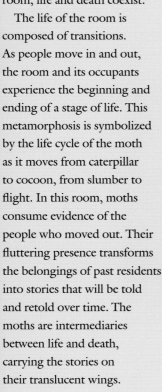

The life of the room is composed of transitions. As people move in and out, the room and its occupants experience the beginning and ending of a stage of life. This metamorphosis is symbolized by the life cycle of the moth as it moves from caterpillar to cocoon, from slumber to flight. In this room, moths consume evidence of the people who moved out. Their fluttering presence transforms the belongings of past residents into stories that will be told and retold over time. The moths are intermediaries between life and death, carrying the stories on their translucent wings.

Muchas vidas han pasado por esta habitación. Aquí vivieron aquellos que bailaron hasta que los vecinos se quejaron, los que se pelearon y los que rompieron las paredes al pelearse, los que durmieron inquietos, los que escondieron dinero bajo el colchón, los que escribieron malos poemas de amor, los que dejaron migajas en la cama y los que se rieron hasta llorar. En esta curiosa habitación, coexisten la vida y la muerte.

La vida del cuarto habla de transiciones. La gente lo ocupa y lo abandona y en el curso, el cuarto y sus habitantes pasan por el principio y fin de una etapa de vida. Estos cambios se simbolizan por el ciclo de vida de la polilla, en su transformación de gusano a capullo, de la inercia al vuelo.

En este cuarto, las polillas consumen evidencia de la gente que se ha ido. Su presencia alborotada transforma las pertenencias de los inquilinos pasados a historias que serán contadas y recontadas. Las polillas son intermediarias entre la vida y la muerte, llevando las historias en sus alas translúcidas.

"My uncle Wanard was shot on August 22, 2001. He was twenty-six years old. He was my favorite uncle. He liked to buy me stuff. He had a daughter named Ariel. She is three years old. I will always remember that my uncle was a good man."

Jerald Stevenson, third grade

In this project we found a way to honor and remember our beloved deceased. It offered us a way to keep their spirits alive and present, and to transform the pain of loss into enrichment of our own lives.

At Woodland Elementary School we all have been touched one way or another by death. Most of us have an immediate family member or close friend who has passed on, and in our city, newscasts tell of premature deaths on a regular basis.

Our memories inspired us to create the playful images in our painting and the skeletons in front of it. We wanted the visiting spirits to feel happy when they saw our ofrenda and to remember the joy they felt when they were alive.

Take a close look and you may see a grandfather who rode a bike with four seats, another who raced in his fast car, a young girl who loved to jump rope because nobody bothered her then, a big-hearted little boy from East Oakland named Raymond, a beloved bunny and several pet dogs, a famous singer, and a wrestler.

"A mi tío Wanard lo mataron el 22 de agosto de 2001. Tenía veintiséis años. Era mi tío favorito. Le gustaba comprarme cosas. Tenía una hija llamada Ariel, que tiene tres años. Siempre recordaré que mi tío era buen hombre."

Jerald Stevenson, del tercer grado

Con este proyecto, encontramos la forma de honrar y recordar a nuestros muertos queridos. Nos permitió conservar vivos su espíritu y su presencia y transformar el dolor de su pérdida en un enriquecimiento de nuestras vidas.

En la escuela Woodland a todos nos ha tocado en una forma u otra la muerte. Todos tenemos un familiar o amigo cercano que ha muerto, y en nuestra ciudad, las noticias nos hablan con demasiado frecuencia de muertes prematuras.

Nuestros recuerdos nos inspiraron para pintar imágenes juguetonas en nuestro cuadro, con esqueletos al frente. Queríamos que los espíritus que nos visitan se sintieran felices al ver nuestra ofrenda y que recordaran la alegría que ellos sintieron cuando vivían.

Si te fijas bien, verás a un abuelo que anda en una bicicleta de cuatro asientos, otro que va muy de prisa en su coche, una niña a quien le gustaba brincar la cuerda porque así nadie la molestaba, un niño pequeño con gran corazón de East Oakland llamado Raymond, un querido conejito y varios perros mascota, un cantante famoso y un luchador.

Untitled / Sin título

Woodland Elementary School

Robin Lovell's third-grade class with artist Daniel Camacho /
Salón del tercer grado con la maestra Robin Lovell y Daniel Camacho, artista

Dates inscribed on these crucifixes tell of lives cut short. The crosses were carried first in a street procession in Oakland's Fruitvale District in remembrance of local youth lost to violence. Later, family members and friends gathered in a public workshop to decorate boxes, or *retablos,* in tribute to our loved ones. While making the ofrenda, youth, parents, and staff of NEL Centro de Juventud shared our experiences and our grief. Several of the retablos were not completed because, for some families, recalling the circumstances of the loss became too painful.

Our contribution captures the meaning of los Días de los Muertos as a time to remember our loved ones by contemplating what their lives meant while they were among us. Sharing the families' anguish is part of the process of community healing, as we in turn learn to help each other.

Las fechas inscritas en estos crucifijos hablan de vidas truncadas. Las cruces se llevaron primero en una procesión por las calles del Distrito Fruitvale de Oakland, en conmemoración de los jóvenes de la vecindad muertos por la violencia. Más tarde, los familiares y amigos se reunieron en un taller público para adornar cajas o retablos, un tributo a nuestros seres queridos. Mientras hacíamos la ofrenda, tanto los jóvenes como los padres y el personal de NEL Centro de Juventud compartimos nuestros sentimientos y nuestro dolor. Algunos de los retablos no se completaron debido a que para algunas familias, el recordar las circunstancias de la pérdida fue muy doloroso.

Nuestra participación capta el significado de los Días de los Muertos como un tiempo para recordar a nuestros seres queridos y meditar en lo que significaron sus vidas cuando estuvieron con nosotros. Compartir la angustia de las familias es parte del proceso de curación comunitaria porque, a su vez, aprendemos a ayudarnos mutuamente.

The Nahuas of ancient Mexico held that everyone at birth acquired a *nagual,* an animal-spirit companion who would be with him or her throughout life, as part of their souls. And the animals—the jaguar, the coyote, the eagle, the hawk, the bear, the fish, and all their relatives—were honored, for our lives depend on theirs. If we exterminate our naguales, we wreak extinction upon ourselves.

Ofrenda a los Naguales (Offering to the Animal-Spirits), is both a lament for and an outraged protest against the destruction of far too many of our fellow animals and the attacks upon the Endangered Species Act that would protect them.

Mictlantecuhtli, Lord of Death, stands absolute in his power, wearing the tattered mantle of Empire shabby with arrogance and greed. At his feet lie the four sacred elements: earth, air, fire, water. Frosty flowers of death and heaps of animal bones surround the holy mountain, navel of Earth. Under Death's gaze Earth, Great Mother, is wounded but not yet beyond healing.

Los Nahuas del México antiguo sostenían que cada uno al nacer adquiría un nagual, un espíritu animal que acompañaba a uno durante toda la vida, como parte de su alma. Los animales—el jaguar, el coyote, el águila, el gavilán, el oso, el pez y todos sus parientes—eran honrados, porque nuestras vidas dependen de las suyas. Si exterminamos nuestros naguales, ocacionamos nuestra propia extinción.

La ofrenda a los naguales es tanto un lamento como una protesta contra la destrucción el demasiados de nuestros animales compañeros y a los ataques contra el Endangered Species Act (el acta de protección de las especies en peligro de extinción).

Mictlantecuhtli, Señor de la Muerte, se mantiene absoluto en su poder, y se viste del manto imperial andrajoso, con arrogancia y codicia. A sus pies yacen los cuatro elementos sagrados: tierra, aire, fuego, agua. Flores de escarcha de la muerte y montones de huesos de animales rodean la montaña sagrada, el ombligo de la tierra. Bajo la mirada de la Muerte, la gran Madre Tierra está herida pero aún capaz de sanarse.

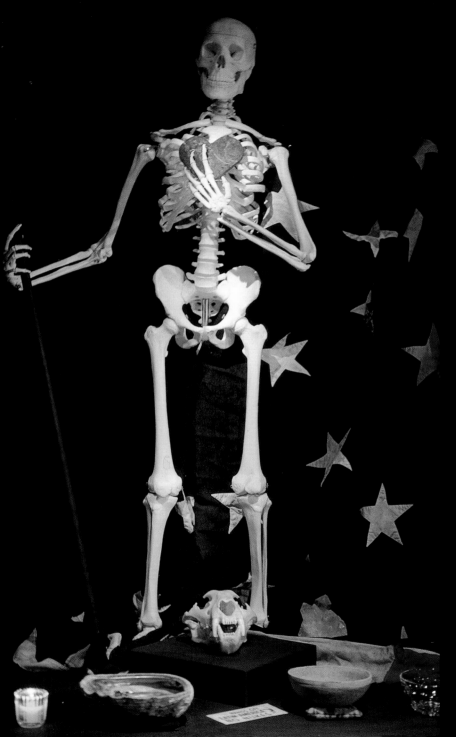

Offering to the
Animal-Spirits /
Ofrenda a los
naguales

Rafael Jesús González

The Aztecs understood their world to be a fragile entity. It was unstable: one year would be cursed by drought, the next by deluge. An eclipse of the moon might obscure the sun, revealing during daylight stars normally seen only at night. All the world was alive with mysterious and sacred energy, and all needed to be in balance. To nurture and appease supernatural forces, Aztecs offered the gods the gift of human life. The heart was the most valued aspect of ritual sacrifice.

The gods of the underworld, Mictlantecuhtli and his wife Mictecacihuatl, received the hearts of those sacrificed at the sacred pyramids, welcoming their spirits at the end of their passage from Earth to the underworld, thus completing the full cycle of life. The sacrificed became the "divine dead."

The heart remains an enduring symbol, as vital to our culture as it was to Aztec civilization. It continues to represent how we sacrifice to maintain bonds of love, family, and community.

Los aztecas creían que su mundo era muy frágil. Era instable: un año era maldecido por sequía, el siguiente con diluvio. Un eclipse de luna podía oscurecer el sol, revelando durante el día las estrellas que normalmente se veían solamente de noche. Todo el mundo estaba vivo con una energía misteriosa y sagrada, y todo debía estar balanceado. Para alimentar y aplacar las fuerzas sobrenaturales, los aztecas ofrecían a los dioses el sacrificio de la vida humana. El corazón era lo más valioso en el rito del sacrificio.

Los dioses del inframundo Mictlantecuhtli y su esposa Mictecacihuatl recibían los corazones de los sacrificados en las pirámides sagradas, dándoles la bienvenida a sus espíritus al final de su viaje de la Tierra al inframundo, en esta forma completando el ciclo de la vida. El sacrificado se convertía en el "muerto divino". Hasta la fecha el corazón es un símbolo duradero, tan vital en nuestra cultura como lo era en la civilización azteca. Perdura como símbolo de nuestro sacrificio para mantener los lazos de amor, familia y comunidad.

The Heart Sacrifice Altar / El altar al sacrificio del corazón

Patricia Rodríguez

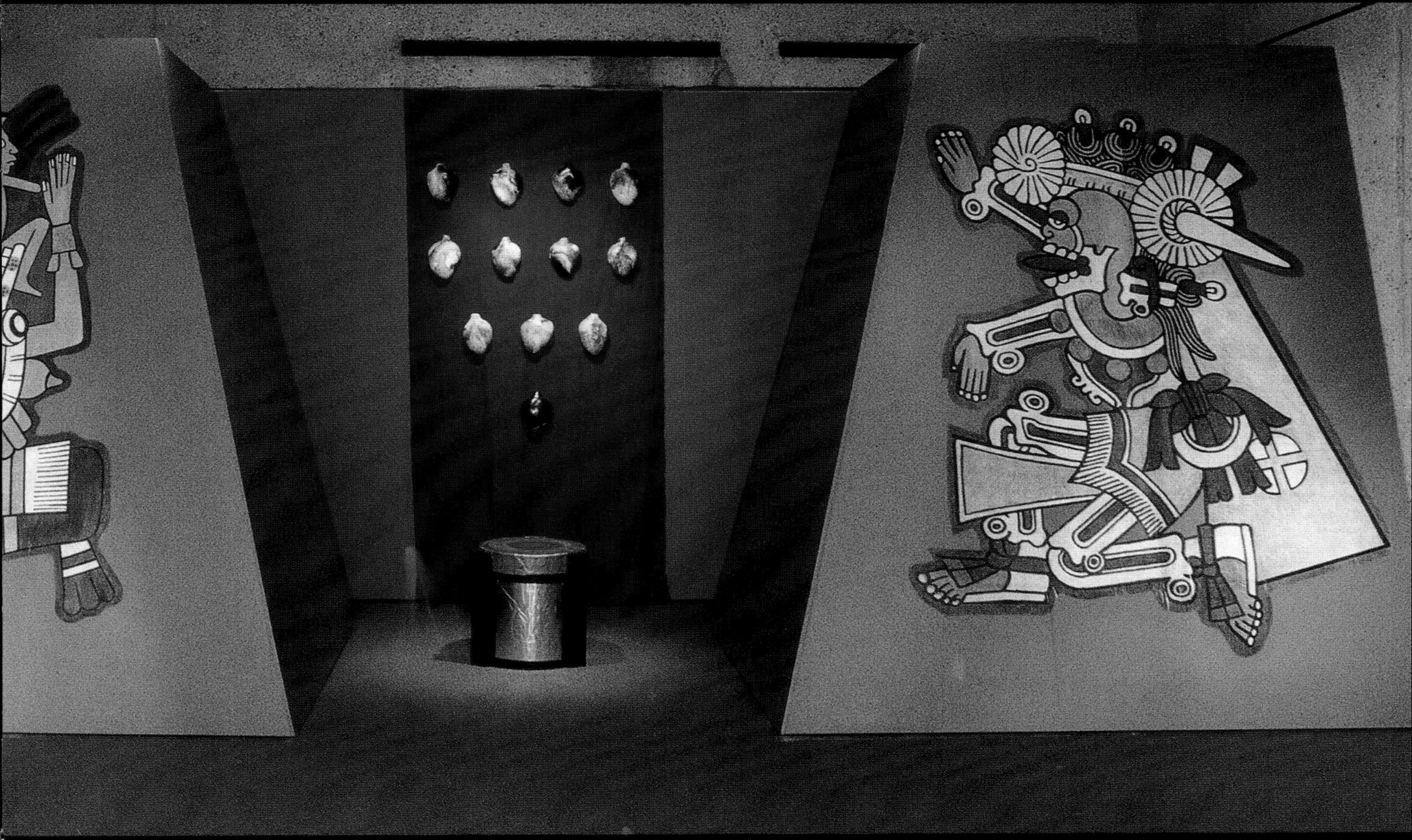

Mural for Days of the Dead / Mural por los Días de los Muertos

Susan Cervantes with Precita Eyes muralists Lynn García, Patricia Rose, John Santos, and Jaime Wynn

Placed at the entrance of the 2001 exhibition *Pasajes y Encuentros: Ofrendas for the Days of the Dead,* this mural functioned as a narrative composed of symbols from Nahua, Aztec, and Christian traditions. A *malinalli,* or Tree of Life, symbolizes the duality of life and death; to entice the spirits, the scent of copal, a sacred pine-resin incense, mingles with that of candles and marigolds, a flower "with four hundred lives." The marigold's multitude of petals form a path for the spirits to follow to their banquet. Votive candles feature images of Saint Francis and the Virgin of Guadalupe.

The mural is dedicated to farmworkers, especially those who risk their lives in the sugarcane fields, where they are exposed to harmful pesticides. On the left, a sugarcane plant bears decorated sugar skulls, which fall to the ground. We hope these images will encourage people to think of life and death with greater respect.

Colocado a la entrada de la exposición de 2001 *Pasajes y encuentros: ofrendas para los días de los muertos,* este mural es una narración que destaca símbolos y tradiciones de los nahua, aztecas y cristianos. El malinalli, o Árbol de la Vida, simboliza la dualidad entre la vida y la muerte; para atraer a los espíritus, el aroma del copal, incienso sagrado hecho con la resina del pino, se mezcla con el aroma de las velas y las caléndulas, la flor "con cuatrocientas vidas". La multitud de pétalos de la caléndula forma el camino por donde los espíritus llegan a su banquete. Las velas votivas realzan las imágenes de San Francisco y la Virgen de Guadalupe.

El mural está dedicado a los trabajadores de campo, sobre todos aquellos que se arriesgan en los campos de caña, expuestos a pesticidas dañinos. A la izquierda se ve una planta de caña adornada con calaveras de azúcar que caen al suelo. Esperamos que estas imágenes animen a la gente a pensar con más respeto sobre la vida y la muerte.

When I was very young my mother bought me a candy *calaverita* (a little candy skull specially made in Mexico for the Days of the Dead). I liked my calaverita so much that I refused to eat it. I decided to keep my calaverita in its original form as long as possible. One day I left my calaverita sitting on a piece of concrete near the sidewalk while I played with my friends. When I finished playing, I sadly noticed that my precious treasure had been devoured by ants. At that moment I realized it is essential to enjoy what we have while it's still here. We should remind ourselves that the people and things we love may not be around all the time.

Inside a museum, things are not "alive" anymore. This piece brings live ants into a museum in order to complete the duality between life and death. The title plays upon multiple meanings of the word "live": as it is used in broadcasting, as in the phrase "Live from Oakland"; and as an action, as in the statement "We must live our life."

Cuando era muy joven, mi madre me compró una calaverita de azúcar. Me gustó tanto mi calaverita que no me la comí. Decidí conservarla en su forma original tanto tiempo como fuera posible. Un día dejé mi calaverita en el banquete de la calle mientras jugaba con mis amigos. Cuando terminé de jugar, ví que las hormigas habían devorado mi precioso tesoro. En ese momento me di cuenta que es esencial disfrutar lo que tenemos cuando aún está allí. Debemos recordar que las personas y las cosas que amamos no siempre estarán con nosotros.

Dentro de un museo las cosas ya no tienen "vida". Esta pieza trae hormigas vivas al museo, con el objeto de completar la dualidad entre la vida y la muerte. El título de esta instalación representa los diversos significados de la palabra "vivir": tal como se usa en transmisión por radio, como en la frase, "en vivo desde Oakland; y como una acción, por ejemplo en la declaración "debemos vivir nuestra vida".

Live / Vivir

Guillermo Galindo

(detail: multimedia installation with video and sound /
detalle: instalación multimedia con video y sonido)

Untitled / Sin título

Visual Element

Lead artists Favianna Rodríguez and Estria Miyashiro; contributing Visual Element youth artists Bunthoeun Hack, Bunthong Hack, Gareck Li, Sophat Kong, Sam On, Sisophea Heng, Jesse Seng, David Hernández, Richard Jasso, Dara Ry, Savouth Durm, and Amy Phothyrath

In the tradition of the original graffiti writers, we paint our reality on the walls, placing ourselves in the historical legacy of hip-hop culture, a culture that has transcended global borders and promotes style and individual creativity. We honor the pioneers of hip-hop—those who through beats, spray cans, and movement inspire us to work to advance our people and beautify our world.

This piece is a fusion of hip-hop culture and Days of the Dead traditions. We use the altar, *nichos* (sacred boxes), and a graffiti-style mural to invoke the spirits of our ancestors, the pioneers of hip-hop. We honor Dondi, known for painting entire subway cars with style; and Dream TDK, Alameda's own master graffiti stylist, known worldwide as a king among kings who represented the true soul of hip-hop and hustle on the streets. We honor Jam Master Jay, a member of Run DMC and one of the early stars of

rap, and we celebrate Eazy E, straight out of Compton and one of the originators of "gangsta" rap. These pioneers always kept it real, and they are a testament that flowers *do* bloom through the cracks of the sidewalk. *¡Hasta la victoria!*

En la tradición de los originales escritores de graffiti, pintamos nuestra realidad en las paredes, colocándonos dentro del legado histórico de la cultura hip-hop, una cultura que ha trascendido las fronteras globales y que promueve estilo y creatividad individual. Honramos a los pioneros del hip-hop—aquellos que con ritmos, latas de spray y movimiento nos inspiran a trabajar para mejorar nuestra gente y embellecer nuestro mundo.

Esta pieza representa una fusión de la cultura hip-hop y la tradición de los Días de los Muertos. Usamos el altar, nichos (cajas sagradas) y un mural estilo graffiti para invocar los espíritus de nuestros antepasados, los pioneros del hip-hop. Honramos a Dondi, conocido por pintar con estilo singular carros enteros del metro; y a Dream TDK, maestro estilista de graffiti de Alameda, conocido mundialmente como un rey entre reyes quien representó la auténtica alma del hip-hop y el ajetreo de la calle. Honramos a Jam Master Jay, integrante de Run DMC, uno de los primeros artistas de rap, y celebramos también a Easy E, directamente de Compton y uno de los iniciadores del rap de gangster. Estos pioneros siempre fueron auténticos, y son testimonio de que también pueden brotar flores entre las grietas de la acera. ¡Hasta la victoria!

Death has a long association with humor during the Days of the Dead. The skeletons I make are inspired by Days of the Dead toys and the playful figurines seen at market stalls in Mexico. Grinning skeletons perform activities of the living: they eat tacos, make love, ride cars, perform complicated surgery, reenact movie scenes, and more. These toys poke fun at life and death and remind us that whether rich or poor, good or bad, smart or dumb, we all become skeletons at the end.

In this installation, I interpret the passage into the afterlife, whatever the after-life may be. I represent the journey as an ascending pyramid, a Tower of Babel of sorts. Diverse religious characters greet the dead in their journey, a way for me to include views of Death that may be different from my own. I make the figurines of papier maché, the same material used in piñatas. I like the festive association because during the Days of the Dead, nobody escapes being made fun of, in the same way that nobody escapes Death.

En la tradición de los Días de los Muertos, la muerte tiene una larga asociación con el humor. Los esqueletos que yo hago están inspirados en los juguetes de los Días de los Muertos y las chistosas figuritas que se ven en los puestos de mercado en México. Esqueletos sonrientes reproducen las actividades de los vivos: comen tacos, hacen el amor, conducen automóviles, hacen cirugías complicadas, actúan escenas de películas y mucho más. Estos juguetes hacen burla de la vida y la muerte y nos recuerdan que, seamos pobres o ricos, buenos o malos, listos o tontos, todos seremos esqueletos.

Esta instalación es mi interpre-tación del paso a la otra vida, lo que sea esa vida. Presento el viaje como una pirámide ascendente, una especie de Torre de Babel. Diversos personajes religiosos saludan a los muertos en su viaje, lo cual es para mí una forma de incluir puntos de vista sobre la muerte que pueden ser muy distintas a la mía. Hago las figuritas con papel maché, el mismo material utilizado para hacer piñatas. Me gusta esta asociación festiva porque durante los Días de los Muertos nadie se escapa de que le hagan burla, igual que nadie se escapa de la muerte.

Untitled /
Sin título

Raúl E. Aguilar

Death knows no boundaries. Devouring Death, the great equalizer, comes and goes with the young and the old, the rich and the poor, the reigning and the lowly.

Spirit of bones has no boundaries. Visiting on these, the Days of the Dead, the spirits of the dead come and go from there to here, here to there. Here is familiar and there is clarified. There is no mystery.

But we, flesh and bone, are bound. Reconciling life and death, the living cannot come and go, crossing the threshold of the known to the unknown, the visible to the invisible. We are bound by limitations. We stand in the transitional space, dwelling on the threshold. Death is our birthright. Living our dying, we are bound by the wholeness of duality.

We the living, dwellers on the threshold, are not permitted to cross the doorway without an invitation. So we too devour. On these, the Days of the Dead, we devour death with our sweet tooth of humor. One sugar skull after another, we eat the sweet smell of death away. We wear our bones inside out. We dance and sing and laugh and joke and with tears we water the fertile soil of death.

Beyond the door, there is peace. We must imagine the dead happy.

This ofrenda is in memoriam of my nephew Sean James Freitas, 1967–2001.

La muerte no conoce fronteras. La muerte devoradora, la gran igualadora, viene y va con jóvenes y viejos, con ricos y pobres, con la realeza y los de abajo.

Espíritu de huesos no tiene fronteras. Visitando en estos, los Días de los Muertos, los espíritus de los muertos vienen de allá para acá, de acá para allá. Acá es familiar, allá es clarificado. No hay misterio.

Pero nosotros, de carne y hueso, estamos atados. Los vivos no pueden ir y venir, cruzando el umbral de lo conocido a lo desconocido, lo visible a lo invisible. Estamos atados por limitaciones. Estamos en el espacio de transición, viviendo en el umbral. Morir es nuestro derecho de nacer. De vivir nuestra muerte, estamos atados a la dualidad.

A nosotros los vivos, los que viven en el umbral, no nos permiten cruzar la puerta sin invitación. Así que nosotros también devoramos. En estos Días de los Muertos, devoramos a la muerte con golosinas. Al comer una calavera de azúcar tras otra, alejamos el dulce olor de la muerte. Tenemos puestos nuestros huesos por fuera. Bailamos y cantamos y reímos y hacemos bromas y con nuestras lágrimas regamos la fértil tierra de la muerte. Hay paz más allá de la puerta. Debemos imaginarnos que los muertos están felices.

Dedico esta ofrenda en memoria de mi sobrino Sean James Freitas, 1967–2001.

In October 1999 my daughter Amanda was killed in a car accident. She was sixteen years old. Grief, I found, worked simply but more thoroughly than I ever imagined—it immediately permeated every aspect of my life. In the past, ideas for my work developed from observed and lived experiences. I have yet to find the words or the images that can express the devastation Amanda's death left in my life. Losing her took me into a territory of human experience beyond language, to places of absolute despair that are beyond description. In grief, all the things that were familiar to me, the things I counted on, were completely dissolved.

It has taken a very long time to be able to contemplate, much less to create, any work about the sudden and shattering loss of my daughter, but this past spring I began working on small assemblages that allowed me, almost unconsciously, to address some of my grief. This installation describes that unknown territory where the meanings of my world disappeared, that region where I have lived in a state of suspended animation, aimlessly trying to make sense of what has happened.

Poetry had been a source of inspiration in the past. This new work is loosely based on some of the writing I've done this past year, so I consider these pieces poems to my daughter.

There are no maps or markers to plot our way through grief. This poem is a testimony of my journey. It is about the things that, as her mother, I wish I could have done for Amanda at the moment of her death.

En Octubre de 1999, mi hija Amanda murió en un accidente de automóvil. Tenía dieciséis años. Encontré que el dolor trabajó sencillamente, pero más profundamente de lo que hubiera imaginado —inmediatamente afectó todo aspecto de mi vida. Antes, las ideas para mi trabajo provenían de mis vivencias y de observación. Aún no encuentro ni las palabras ni las imágenes que pueden expresar la desolación que siento por la muerte de mi hija. Perderla me llevó a un territorio de la experiencia humana más allá de las palabras, a lugares de absoluta desesperación que no pueden describirse. Con el dolor, todas las cosas que me eran familiares, las cosas con que contaba, todo, se esfumó por completo.

Me ha tomado mucho tiempo poder contemplar, y mucho menos crear, cualquier trabajo sobre la repentina y devastadora pérdida de mi hija. Sin embargo esta primavera empecé a trabajar en pequeños montajes que me permitieron, casi inconcientemente, manejar algo de mi dolor. Esta instalación describe ese lugar desconocido en donde desapareció el significado de mi mundo, esa región en donde he vivido, en un estado de animación estática, sin rumbo, tratando de darle algún sentido a lo que ha pasado. En el pasado la poesía fue una fuente de inspiración. Este nuevo trabajo está más o menos basado en algo de lo que escribí el año pasado, así que considero estas piezas como poemas a mi hija.

No hay mapas ni señalamientos que marquen nuestro camino por el dolor. Este poema es un testimonio de mi viaje. Se trata de las cosas que, como su madre, me hubiera gustado hacer por Amanda en sus momentos finales.

Poem Number Two for an Absent Child / Poema II para una niña ausente

Tessie Barrera Scharaga

I wish I could have held you close to my heart
And whisper how much I loved you
and told you everything would be all right
and not be afraid
because I was right there . . .
and after you were gone

after you had taken your last breath,
I wish I could have closed your eyes with kisses
And tenderly laid your sweet body down
On a bed of roses

To Amanda,
Who taught me how to love without reservations.
And to Gabrielle,
who gives me the strength to continue on.

Hubiera deseado tenerte junto a mi corazón
y murmurarte lo mucho que te amaba
y decirte que todo iba a estar bien
y que no tuvieras miedo
porque estaba yo allí . . .
y después de que te habías ido

después de que habías tomado tu ultimo aliento
hubiera querido cerrar tus ojos con un beso
y tiernamente haber recostado tu dulce cuerpo
en una cama de rosas

Para Amanda
quien me enseñó a amar sin reserva
y para Gabrielle,
quien me da la fuerza para seguir adelante.

In Homage to My Father / En homenaje a mi padre

Yolanda Garfías Woo

My father portrayed the world as filled with unlimited possibilities and this ofrenda is not defined by age or cultural boundaries. Everlasting silk flowers, bottled beverages, and plastic fruit reside alongside traditional Mayan gourds holding food for El Solo, a spirit which has no family. Pre-Conquest ritual objects dominate the altar, including three Mayan crosses representing the Tree of Life, the holy ceiba tree, and the four cardinal points. Also included are jewelry, *huipiles* (dresses), and evergreens from Chiapa de Corzo, Dzitnup, Yucatán, and San Juan Chamula. I owe who I am to my father, a gifted man and very talented artist. I hope this altar reflects what he has taught me. It is my wish that this altar expresses love, beauty, and peace, along with respect and admiration for the creative talent that is Mexican.

Mi padre retrataba al mundo lleno de ilimitadas posibilidades y esta ofrenda no se define por edad ni por fronteras culturales. Duraderas flores de seda, bebidas embotelladas y frutas de plástico están al lado de las tradicionales calabazas mayas que dan alimento para El Solo, un espíritu que no tiene familia. Objetos rituales prehispánicos dominan el altar, entre ellos tres cruces mayas que representan el Árbol de la Vida, la ceiba—el árbol sagrado, y los cuatro puntos cardinales. Están incluidos también joyería, huipiles y plantas de hoja perenne de Chiapa de Corzo, Dzitnup, Yucatán y San Juan Chamula. A mi padre le debo lo que soy, era un hombre muy dotado y un artista talentoso. Espero que mi altar refleje lo que él me enseñó. Es mi deseo que este altar exprese amor, belleza y paz, así como respeto y admiración al talento creativo mexicano.

To Make an Ofrenda

The Ofrenda

We remember our dead to assure them life in the beyond. We honor the ancestors to give meaning to our own lives. By tradition, with the ofrenda we invite our dead to be with us in memory and in spirit. Between sacred ritual and public function, we hope that we do not offend the gods or the dead by invoking them with sacred smoke. We raise the ofrenda to our dead, especially our brothers, our sisters who have died of injustice: violence, hunger, lack of medical care, lack of shelter, war.

From time immemorial we offer copal, sage, sweet-grass to purify our spaces, to purify our intent, to invoke and praise the gods. May the sacred smoke carry our prayers. With perfumed smoke we create sacred space. It is our tradition.

Guadalupe

The Dark Virgin, Our Lady of Guadalupe, reigns over the ofrenda. She is the Virgin Mary, mother of God. She is Tonantzin, mother of all the gods. She is the earth, queen of the heavens, our mother, and mother of all our relations—all the other animals, the trees and plants, the minerals and stones. Blessed is she.

Flowers

Precious, lovely as flowers are our lives; brief as flowers are they. With flowers and song we mark our rites of passage. Let life always flower again. Since the times of the Nahuas, yellow is the color of death and the cempoalxochitl, the marigold, is the flower of the dead. Flowers are the symbol of life and we offer flowers to the dead. It is our tradition.

Water

It is the water of life; in water we begin and without water we die. Water is our sustenance. The dead travel from very far and come thirsty; we offer them water. It is our tradition.

Bread of the Dead

In the times of the Nahuas, bread of amaranth was offered to the god of the dead, bread sweet as life, our sustenance, flesh of Mother Earth. Bread is sacred and must never be denied to anyone, to anyone. We offer it to our dead. It is our tradition.

Food and Drink

It is our sustenance, the delight of our palates; the dead recall it and come to taste of its essence. It is their favorite repast; they share it with us. Everyone has a

Para montar una ofrenda

La ofrenda

Recordamos a nuestros muertos para asegurarles vida en el más allá. Honramos a nuestros antepasados para dar valor a nuestra propia vida. Por tradición, con la ofrenda invitamos a nuestros muertos para que estén con nosotros en recuerdo, en espíritu. Entre rito sagrado y función pública, esperemos no ofender a los dioses ni a los muertos invocándoles con el humo sagrado. Alzamos la ofrenda a nuestros muertos, especialmente a nuestros hermanos, hermanas que han muerto por injusticia: violencia, hambre, falta de atención médica, falta de hogar, guerra.

Desde tiempos inmemoriales, ofrecemos el humo perfumado, copal, artemisa, salvia, o incienso para purificar nuestros espacios, para purificar nuestro intento, para invocar y alabar a los dioses. Que el humo sagrado lleve nuestras oraciones. Con humo perfumado hacemos espacio sagrado. Esta es nuestra tradición.

La Guadalupe

La Virgen Morena, Nuestra Señora de Guadalupe reina sobre la ofrenda. Ella es la Virgen María madre de Dios; Ella es Tonantzin madre de todos los dioses; Ella es la Tierra, Reina de los cielos, madre de todos nosotros y toda nuestra parentela—los otros animales, los árboles y hierbas, los minerales y las piedras. Bendita sea.

Las flores

Preciosas, bellas como las flores son nuestras vidas; fugaces como ellas son. Con flor y canto adornamos nuestros ritos de pasaje. Que siempre reflorezca la vida. Desde los tiempos de los Nahuas lo amarillo es el color de la muerte y el cempoalxochitl, el cempoal es la flor de los muertos. La flor es el signo de la vida, y flores les damos a los muertos. Esta es nuestra tradición.

El agua

Es el agua de la vida; en agua es nuestro comienzo y sin agua morimos. El agua es nuestro sustento. Los muertos viajan desde muy lejos. Llegan con sed y les ofrecemos agua. Esta es nuestra tradición.

El pan de muerto

En los tiempos de los Nahuas el pan de amaranto se le ofrecía al dios de los muertos, pan dulce como la vida, pan, nuestro sustento, carne de la Madre Tierra. El pan es sagrado y jamás se le debe negar a nadie, a nadie. Se lo ofrecemos a nuestros muertos. Esta es nuestra tradición.

La comida y bebida

Es nuestro sustento, el deleite al paladar; lo recuerdan los muertos y llegan a gustar de su esencia. Es su sustento favorito; lo comparten con nosotros. Todos

right to food; for the dead the essence, for the living the substance. May the dead not go without it, nor much less the living. It is our tradition.

The Candles

It is the light that lights our way. We are creatures of light. The souls are night moths. They seek out the light. The light calls them. It is our tradition.

Sugar Skulls

Sweet are our lives and the memories that carry our names. Even in death sweet is the love that informs them and we offer sugar skulls to our dead. We give candy skulls to the children, to our friends, to our loved ones to remind them of how sweet is life in spite of death. It is our tradition.

Incense

The perfumed copal smoke of our ancestors is pleasing to the gods, to the souls of the dead. The smoke that rises to the skies carries them our prayers, our praise. Sweet as copal smoke are our lives that vanish. It is sacred to the gods. It is our tradition.

Dedication of the Ofrenda

The altar is raised, the ofrenda is placed. Let our beloved dead be with us. And also the forgotten. Of all of them are these days, these nights. Let us not forget. Let us promise them to live better lives. Let us promise them to work for justice and peace. Let no one die of violence, go hungry, without medicine, without education, without home. Let everyone be safe from war. Let there be justice and peace. Let our Lady hear us. It is our tradition, it is our tradition. Blessed be.

Rafael Jesús González

tienen derecho al sustento; para el muerto la esencia, para el vivo la sustancia. Que no les falte a los muertos ni mucho menos a los vivos. Esta es nuestra tradición.

Las velas

Es la luz que alumbra nuestro camino. Somos criaturas de la luz. Son mariposas nocturnas las almas. Buscan la luz. La luz les llama. Esta es nuestra tradición.

Las calaveras de azúcar

Son dulces nuestras vidas y las memorias que llevan nuestros nombres. Aun en la muerte, dulce es el cariño que las infunde y ofrecemos calaveras de azúcar a los muertos. Regalamos calaveras de azúcar a los niños, a los amigos, a los seres queridos para que recuerden lo dulce que es la vida a pesar de la muerte. Esta es nuestra tradición.

El copal

El copal, el humo perfumado de nuestros antepasados es de agrado a los dioses, a las ánimas de los muertos. El humo que se eleva a los cielos invoca a los dioses, las ánimas; les lleva nuestras oraciones, nuestras alabanzas. Dulce como el humo de copal son nuestras vidas que se desvanecen. El humo sagrado es de los dioses. Esta es nuestra tradición.

La dedicación de la ofrenda

Se alza el altar, se hace la ofrenda. Que estén con nosotros nuestros queridos muertos. Y también los olvidados. Son de todos ellos estos días, estas noches. No lo olvidemos. Prometámosles vivir mejor nuestras vidas. Prometámosles obrar por la justicia y la paz: que nadie muera por la violencia, ni padezca de hambre, que a nadie le falte la medicina, que a nadie le falte la educación, que a nadie le falte un hogar. Que todos estén a salvo de la guerra. Que haya justicia y paz. Que nuestra Señora nos oiga. Esta es nuestra tradición, es nuestra tradición. Bendito sea.

Rafael Jesús González

The Community Celebration

Chiori Santiago

Just as *altares* have moved from sacred temple to church-yard to art space, the public celebration of los Días de los Muertos at the Oakland Museum of California covers ground somewhere between conventional museum setting and neighborhood fiesta. Each element of the annual *ceremonia* simultaneously preserves centuries-old tradition and expresses the living presence of Days of the Dead in modern life. The celebration itself is a reflection of adaptation and change.

In the early years, there was no formal entry procession. Before the museum opened, the invited dancers and musicians gathered inside the entrance to tune instruments, warm up, and ready themselves spiritually before the gates rolled up to admit the public. Invariably, a crowd of curious onlookers would gather to peer eagerly through the gates, barely able to wait for the music to begin. Seeing them, the organizers decided to include the waiting visitors in the opening ceremony, and the procession was born. No longer spectators, the public now participates in the invocation of the four cardinal directions and the dedication of the community ofrenda—rituals intended to give visitors a grounding in the spiritual meaning of the day.

The museum's role as an educational institution is evident in aspects that one would not find in a "traditional" los Días de los Muertos celebration. As offerings are placed on the community ofrenda, for example, a narrator explains the significance of each—a touch that would be unnecessary for an audience schooled in the practices. The ofrendas, the procession, music and dance, even the goods for sale in the mercado are an unlikely amalgam of Mexico, Central America, and the urban United States. Yet these "inauthentic" permutations serve the very authentic purpose of including as wide a fellowship as possible in the day's embrace.

Just as important is the museum's willingness to step back from a role as cultural arbiter in order to transform its grounds to a sacred space. The museum no longer refers to the music and dance as "entertainment," but as a ritual offering to the dead, as it would have been during the time of the Nahua. Artists are even allowed to burn sage in the galleries to bless their ofrendas. In order not to sully the traditional observations with commercialism, the museum has resisted logo-laden corporate sponsorship, and the mercado is situated away from the sacred altars.

After a decade, the celebration of los Días de los Muertos has transformed the museum itself. No longer a window through which the curious glimpse a foreign world, the event has a place in the seasonal cycle of the museum's calendar and the pattern of holy days observed in the community beyond the institution—a reflection of American life in its most colorful complexity.

Celebración de la comunidad

Chiori Santiago

Así como los altares se han ido pasando primero del templo sagrado al patio de la iglesia y luego al espacio artístico, la celebración pública de los Días de los Muertos se sitúa ahora entre el marco del museo y una fiesta de barrio. Cada elemento de la ceremonia anual conserva una tradición centenaria, al mismo tiempo que manifiesta la presencia viva de los Días de los Muertos en la vida moderna. La celebración misma es un reflejo de adaptación y cambio.

En los primeros años no había procesión de entrada formal. Antes de que el museo abriera sus puertas, los músicos y danzantes se reunían a la entrada para afinar sus instrumentos, calentarse y prepararse espiritualmente antes de que las rejas se abrieran al público. Invariablemente se acercaban los curiosos para atisbar a través de las rejas, impacientes en espera de que la música comenzara. Los organizadores decidieron incluir a estos visitantes a la ceremonia de apertura y fue así como nació la procesión. No siendo ya espectadores, ahora el público participa en la invocación de los cuatro puntos cardinales y en la dedicación de la ofrenda de la comunidad—rituales que tienen por objeto dar a los visitantes una idea del significado espiritual de la celebración.

El papel del museo como institución educativa es evidente en aspectos que no se encontrarían en unas fiestas tradicionales de los muertos. Por ejemplo, según se van colocando los objetos en la ofrenda de la comunidad,

un narrador va explicando el significado de cada uno de ellos, algo innecesario para un público acostumbrado a los ritos. Las ofrendas, la procesión, la música y danza y aun la mercancía a la venta en el mercado representan una diversa amalgama de México, Centroamérica y el Estados Unidos urbano. Sin embargo, esas permutaciones "no auténticas" tienen el propósito muy auténtico de abarcar la más inclusiva y diversa comunidad posible.

Igualmente es importante la decisión del museo de ceder el papel de árbitro cultural para transformar su recinto en un espacio sagrado. El museo ya no se refiere a la música y la danza como "entretenimiento", sino como una ofrenda ritual a los muertos, como hubiera sido en tiempo de los Nahua. Para bendecir sus ofrendas, a los artistas se les permite quemar salvia en las galerías del museo. Con el fin de no desvirtuar las costumbres tradicionales con el comercialismo, el museo se ha negado a aceptar el patrocinio de empresas y sus logos, por lo que el mercado se encuentra lejos de los altares sagrados.

Al cabo de una década, las celebraciones de los Días de los Muertos han transformado al museo. Ya no es una ventana a través de la cual los curiosos le dan una ojeada al mundo extranjero, pues estas fiestas ya tienen su lugar propio tanto en el calendario estacional del museo como en las fechas de los días santos que se conmemoran dentro de la comunidad—un reflejo de la vida americana en toda su colorida complejidad.

Music and dance are offerings to the dead, inviting their presence during the day's festivities. Dancers in carefully crafted Mexican costumes and sleek braids pause as flute and drum consecrate the opening of the ceremonia.

Se ofrecen música y danza a los muertos, invitándolos a las festividades del día. Los bailarines, ataviados con vistosos trajes mexicanos, se detienen al momento que la flauta y el tambor consagran la apertura de la ceremonia.

The museum's courtyard is made sacred with a blessing of copal smoke. Each year various members of the community are chosen to officiate this part of the ceremony.

El patio del museo se consagra con humo de copal. Cada año se escogen a varios miembros de la comunidad para que oficien esta parte de la ceremonia.

Costumed calaveras, Aztec dancers in pheasant-feather crowns, and children in traditional dress honor altars placed at the four points of the compass. East is dedicated to men who have passed on; West to women; South to children; and North to the elders.

Tanto las calaveras vestidas, como los danzantes aztecas que lucen coronas de plumas de faisán, y los niños ataviados con sus vestidos tradicionales, honran los altares que están colocados en los cuatro puntos cardinales. El este está dedicado a los hombres difuntos, el oeste a las mujeres, el sur a los niños, y el norte a los mayores.

As the conch shell calls, sacred smoke is passed over the central community altar, built to honor departed loved ones.

Al llamado del caracol, el humo sagrado se pasa sobre el altar central de la comunidad, montado para honrar a los seres queridos difuntos.

Dancers and musicians carry cempoalxochitl, the marigold flower dedicated to the dead, and pan de muerto, bread representing life's sustenance, to the community ofrenda. They also bear candles to mark the way for souls that roam like moths toward the light.

Los danzantes y los músicos llevan cempoalxochitl, flor dedicada a los muertos, así como pan de muerto que representa el alimento de la vida, hacia la ofrenda de la comunidad. También llevan velas para alumbrar el camino a las almas, atraídas como palomillas hacia la luz.

La Señora de Guadalupe is the Dark Virgin, a manifestation of the Aztec goddess Tonantzin-Coatlicue in Catholic guise. As mother of Earth and queen of the heavens, she presides over the community ofrenda. At her feet, sugar skulls suggest sweet memories of the dead. (Community ofrenda, altarmaker Billie Quijano)

Nuestra Señora de Guadalupe es la Virgen Morena, la manifestación de la diosa azteca Tonantzin-Coatlicue, vestida al modo católico. Como madre de la tierra y reina de los cielos preside la ofrenda de la comunidad. A sus pies las calaveras de azúcar sugieren dulces recuerdos de los muertos.

The community ofrenda is resplendent with traditional offerings: bright flowers of yellow, which the Nahua people considered the color of the dead; baskets of fruit and corn to sustain the departed during their journey; and colorful papel picado banners, the tissue-paper cutouts depicting Días de los Muertos imagery. (Community ofrenda, altarmaker Rodolfo Pérez)

El altar de la comunidad resplandece con las ofrendas tradicionales: brillantes flores amarillas, el color de los muertos para los nahuas, canastas con fruta y maíz para alimentar a los muertos en su viaje, y banderolas de papel picado que destacan imágenes populares de los Días de Muertos.

Community ofrenda,
altarmakers Billie Quijano
and Evelyn Orantes

In echo of the satirical art of José Guadalupe Posada, calaveras poke fun at human vanity in a series of skits, ending with a rousing corrido.

Haciéndose eco del arte satírico de José Guadalupe Posada, las calaveras se burlan de la vanidad humana en una serie de actos cortos que termina con un entusiasta corrido.

Dancers spend hours on the details of dress, hair, and makeup in preparation for the day's performance. These costumes are from regions of Mexico: the swirling, ribbon-trimmed skirts are from Jalisco; the layers of white lace and the black apron emblazoned with the roses of la Señora de Guadalupe signify Veracruz; and the heavily embroidered dresses originate in Tehuantepec.

Ese día, los bailarines dedican varias horas a los detalles de su vestuario, el arreglo del cabello y el maquillaje, preparándose para la función. Los trajes provienen de diversas regiones de México: de Jalisco son las ondulantes faldas orladas de listones, de Veracruz vienen los vestidos de encaje blanco con delantal negro decorado con las rosas de Nuestra Señora de Guadalupe, y de Tehuantepec son los vestidos detalladamente bordados.

Aztec dancers in glittering regalia recognize the pre-Hispanic origins of Days of the Dead.

Los danzantes aztecas, vestidos con sus galas relucientes, muestran el origen pre-hispánico de los Días de los Muertos.

El diablo—the devil—is a guest at Días de los Muertos' playful dalliance with the underworld. A confrontation between angel and devil, good and evil, suggests life's eternal balancing act.

El Diablo juguetón es nuestro compañero en las festividades, y su personaje nos recuerda que la vida y el inframundo coexisten—la confrontación entre el ángel y el diablo, el bien y el mal, sugiere el balance eterno entre la vida y la muerte.

Everyone happily celebrates with
handmade masks and a face painter's
handiwork.

Todos participan en las celebraciones
con caretas hechas a mano o luciendo
maquillaje pintada sobre la cara.

Corn—essential to Mesoamerican life—
is ground by an expert tortilla maker
who demonstrates the use of strong
arms and a stone *metate*.

El maíz, esencial en la vida mesoamericana,
es molido por una experta que demuestra
su habilidad con el metate de piedra.

The mercado provides material for home altars and reflects the richness of craft available in the local Latino community.

El mercado provee el material para los altares de hogar y muestra la riqueza de artesanía disponible en la comunidad latina.

Visitors gather in a Unity Circle to bring the day to a close. A final blessing, ceremonia, and song acknowledge the gifts of the ancestors and celebrate a cycle of sunrise to sunset, birth to death, and the magic of renewal.

Para cerrar el día los visitantes se unen en el círculo de concordia. Una bendición final, con ceremonia y canción, celebra los regalos de los ancestros y festejan el ciclo del amanecer al atardecer, del nacimiento a la muerte así como la magia del ciclo eterno.

A flame lights the darkness, time stops, hands clasp in a dance of duality. Those on earth greet those beyond. Two become one: the heart of a people, y el corazón de la muerte.

Una llama ilumina la obscuridad, el tiempo se detiene, las manos se unen en una danza de la dualidad. Los de la tierra saludan a los del más alla. Dos se hacen uno: el corazón del pueblo y el corazón de la muerte.

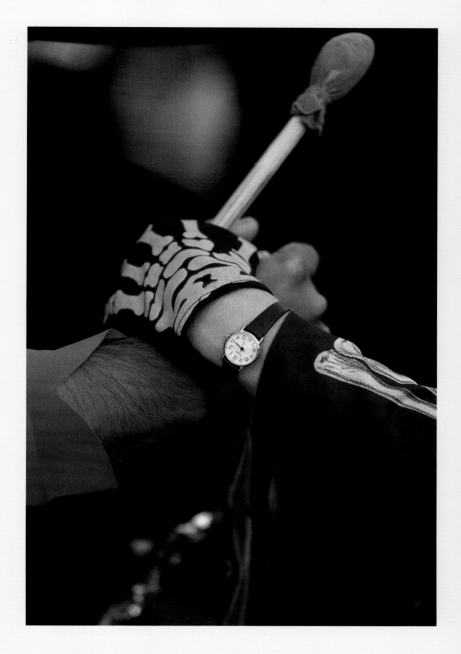

Days of the Dead Exhibition History
Oakland Museum of California

1994
Vida y muerte: Altars and Offerings for the Dead
Curator: Bea Carrillo Hocker
Exhibition Photographer: Joe Samberg
ARTISTS:
Calvin Barajas
Beatrice Hablig
Ester Hernández
Carlos Loarca
Frank López
José Meza
Motnyk
Herminia Albarrán Romero
Yolanda Ronquillo
Margarita Santos
Yolanda Garfías Woo
Bret Harte Elementary School
Lazear Elementary School
Centro de Juventud

1995
*Que viva tu recuerdo: Altars and Offerings
    for the Days of the Dead*
Curator: Bea Carrillo Hocker
Exhibition Photographer: Joe Samberg
ARTISTS:
Pilar Aguero
Mary J. Andrade
Carmen Lomas Garza
Mia González
Rafael Jesús González
Xochitl Guerrero

Cristina Huizar
Lucia Grossberg Morales
Beverly Reiser
Richard and Graciela Rios
Yolanda Garfías Woo
Victor Mario Zabala
Chicano Architecture Student Association
    and Visual Studies Program
Clínica de la Raza
La Escuelita/Youth Brigade
Seniors of Posada de Colores

1996
Days of the Dead: A Time of Remembrance
Curator: Bea Carrillo Hocker
Exhibition Photographer: Deborah Lohrke
ARTISTS:
Stan Padilla
Rodolfo Pérez
Sergio Quintor
Celia Herrera Rodríguez
Herminia Albarrán Romero
Dinorah Salazar
Barbara Bishr, Susan Maloney, and students from
    César Chávez Middle School
Emma Barrón and students from Hawthorn
    Elementary School
Sylvia Carrillo Rojas and students from Joseph
    Azevada Elementary
Judi Yeager and students from Oakland High School
    VAAMP Program
National Latina Health Organization

1997

Unidos en espíritu: Altars and Offerings
for the Days of the Dead

Curator: Bea Carrillo Hocker

Exhibition Photographer: Deborah Lohrke

ARTISTS:

Rubén Guzmán Campos

Lorraine García-Nakata

Bea Carrillo Hocker

Susan Nelson

Frances Paragon-Arias

Rodolfo Pérez

Joe Bastida Rodríguez

Bay Area Hispanic Institute for Advancement (BAHIA)

Highland Hospital/HIV Services Division,
    featuring Billie Quijano (with Julia Castillo,
    Yvonne Escarcega, Teresa Brown Scott, and
    Tasha Thibodeaux)

Spanish Speaking Citizens Foundation

1998

Días de los Muertos: Ancient Roots and Evolving Traditions

Curator: Bea Carrillo Hocker

Exhibition Photographer: George Vallejo

Celebration Photographer: George Vallejo

ARTISTS:

Ester Hernández

Consuelo Jiménez–Underwood

Alma López

F. John Sierra

Josefina López with Highland Elementary School

Liz Fuentes and Andrés Cisneros-Galindo with
    Thousand Oaks Elementary School

Unidad Mixteca Representative Benjamin López

PAINTINGS BY:

David Avalos

Terese Bravo

Eduardo Carrillo

Rupert García

Luis González

Maya González

Emmanuel Montoya

Eduardo Oropeza

Patricia Rodríguez

María de Socorro

Patssi Valdez

1999

El color de la muerte: Altars and Offerings
for the Days of the Dead

Curator: Bea Carrillo Hocker

Exhibition Photographer: George Vallejo

Celebration Photographer: George Vallejo

ARTISTS:

Rubén Guzmán Campos

Carol Marie García

Mia González

Bea Carrillo Hocker

Ernesto Hernández Olmos

Yolanda Garfías Woo

Daniel Camacho, Jeff Westergard, and students
    from Garfield Elementary School

Susan Witka with Washington High School

Robin Lovell and students from Webster Academy

(Re)generation artists of Galería de la Raza

2000

La flor y la calavera: Altars and Offerings
for Days of the Dead

Curator: Bea Carrillo Hocker and Eduardo Pineda

Exhibition Photographer: Spencer Awes

Celebration Photographer: George Vallejo

ARTISTS:

Twinkie Flores Bradshaw

Antonio Castro
Gloria de la Cruz
María Friely
Daniel Galvez
Dawn Marie Martínez
Maritza Ortiz
Raymond M. Patlán
Jesús Angel Pérez
Rodolfo Pérez
Patricia Rodríguez
Carol Lee and students from Sobrante Park
　　Elementary School
Las Otras (Katy Krantz, Natasha García-Lomas,
　　Carmen Murillo, and Sarah Applebaum)

2001
Pasajes y encuentros: Ofrendas for the Days of the Dead
Curator: John Leanos
Exhibition Photographer: Michael Temperio
Celebration Photographer: George Vallejo
ARTISTS:
Raúl E. Aguilar
Rubén Guzmán Campos
Jaime Cortez
Bea Carrillo Hocker
Josefina, Anthony, and Albert López
Wura Ogunji
Gerardo Pérez Méndez
Rodolfo Pérez
Tessie Barrera Scharaga
Yolanda Garfías Woo
Margaret Chavigny with St. Paul's Episcopal School
Robin Lovell and Daniel Camacho with students
　　from Woodland Elementary School
Susan Cervantes with Precita Eyes muralists:
　　Lynn García, Patricia Rose, John Santos, and
　　Jaime Wynn

2002
Espíritu sin fronteras: Ofrendas for the Days of the Dead
Curator: Tere Romo
Exhibition Photographer: Michael Temperio
Celebration Photographer: George Vallejo
ARTISTS:
Claudia Bernardi
Victor Cartagena
Mario González Chavajay
Francisco Domínguez
José Antonio González Escobar
Carol Marie García
Bea Carrillo Hocker
Carlos Loarca
Diego Isaias Hernández Mendez
H. Dio Mendoza
Ernesto Hernández Olmos
Andrea Porras
Calixto Robles
Grupo Maya Qusamej Junan
Evelyn Orantes and students from the Latino
　　History Project
Northern Light Elementary School

2003
Global Elegies: Art and Ofrendas for the Dead
Curator: Enrique Chagoya
Exhibition Photographer: Michael Temperio
Celebration Photographer: Francisco Domínguez
　　and Lonny Shavelson
ARTISTS:
John Abduljaami
Roberta Baker
Jerome Caja
Binh Danh
Ala Ebtekar
Guillermo Galindo

Sal García
James Groleau
Don Ed Hardy
Gonzalo Hidalgo
Bea Carrillo Hocker
Mildred Howard
Katherine Kain
Felipe Linares
Miguel Linares
Ricardo Linares
Hung Liu
Kara Maria
Manuel Ocampo
Evelyn Orantes
José Guadalupe Posada
John Ricker
Rigo 03
Gustavo Ramos Rivera
Herminia Albarrán Romero
Stephanie Syjuco
Tonel
Consuelo Jiménez Underwood
Gustavo Vázquez
Daniel Camacho, Kevin Davila Shepard, and students
    from Oakland Charter Academy
Teachers, parents, and students from Park Day School
Favianna Rodríguez, Estria, and Visual Element

2004
Iluminaciones: Days of the Dead Indigenous
    and Colonial Expressions
Curator: Lorraine García-Nakata
Exhibition Photographer: Michael Temperio
Celebration Photographer: Francisco Domínguez
ARTISTS:
Amalia Mesa Bains
Jeffrey Ferns
Amilca Mouton Fuentes
Juan R. Fuentes
Lorraine García-Nakata
Mia González
Bea Carrillo Hocker
Consuelo Jiménez-Underwood
Evelyn Orantes
Stan and Ian Padilla
Viviana Paredes
Claudia Tapia
Patssi Valdez
Aurora Valverde-Tapia
Yolanda Garfías Woo
The Urban Promise Academy
Girls Incorporated of Alameda County and
    Latinas y Qué
Think College Now
Garfield Elementary School

Photo Credits

SPENCER AWES: *Los Caminos Residency Hotel, Room 1102* (by Las Otras, pp. 68, 69); *The Heart Sacrifice Altar* (by Patricia Rodríguez, pp. 76, 77)

PAUL COOPER: Detail, *Ofrenda a los naguales* (by Rafael Jesús González, p. 75)

FRANCISCO DOMÍNGUEZ: Honoring of Points, p. 101; Four Cardinal Points, p. 102; Central Ofrenda Offerings, p. 108; Catrina and Girl, p. 114; Calavera Performers, p. 115; Dancers Makeup, p. 116

DEBORAH LOHRKE: *Honoring Our Healers* (by National Latina Health Organization, pp. 62, 63); untitled ofrenda (by Rodolfo Pérez, pp. 64, 65)

CAIT MCWHIR: Women in Procession, p. 109; Dancer and Virgen, p. 118

CARMEN RIBERA: *Beyond the Door* (by Carol Marie García, pp. 86, 87)

JOE SAMBERG: *Juana Briones Tapia* (by Mia González, pp. 48, 49); untitled ofrenda (by Centro de Juventud Narcotics Education League, pp. 72, 73); *Ofrenda a los naguales* (by Rafael Jesus González, p. 74)

LONNY SHAVELSON: Calavera Guitarist, p. 5; Procession, p. 98; Opening Ceremonia, p. 99; Procession, p. 100; Saging, p. 104; Procession, p. 106; Procession, p. 107; Main Altar, p. 111; Stage Dancing, p. 119; Marimba Skeletons, p.120; Face Painting, p. 127; Closing Circle, p. 130

PETER ST. JOHN: Our Lady of Guadalupe, p. 21

MICHAEL TEMPERIO: *Mural for Days of the Dead* (by Susan Cervantes with Precita Eyes muralists, pp. 2, 78, 79); *Beyond the Door* (by Carol Marie García, p. 6); *Mictlantechuhtli & Quetzalcóatl* (painting by Bea Carillo Hocker, p. 18); *Trinidad López* (by Josefina, Anthony, and Albert López, pp. 46, 47); *Passages* (by Rubén Guzmán Campos, pp. 50, 51, back cover); *Dedicated to Our Indigenous Peoples Killed by War* (by Ernesto Hernández Olmos, pp. 52, 53); *Steps Never Taken* (by Claudia Bernardi, p. 55): *Continuation of Life* (by Grupo Maya Qusamej Junan, pp. 56, 57): *Homenaje a Roque Dalton, poeta Salvadoreño* (Victor Cartegena, pp. 58, 59); *Entrada al sarcófago* (by Carlos Loarca, pp. 60, 61); untitled ofrenda (by Woodland Elementary School, pp. 70, 71); *Live* (by Guillermo Galindo, p. 81); untitled ofrenda (by Visual Element, pp. 82, 83); untitled ofrenda (by Raúl E. Aguilar, pp. 84, 85); *Poema II para una niña ausente* (by Tessie Barrera Scharaga, p. 89); *In Homage to My Father* (by Yolanda Garfías Woo, pp. 90, 91)

GEORGE VALLEJO: El Corazón de la Muerte, front cover, p. 132; Virgen, pp. 1, 110; *Immigrant Woman's Dress* (by Ester Hernández, pp. 66, 67); Honoring of Points, p. 103; Honoring of Points, p. 105; Community Ofrenda, p. 112; Community Ofrenda, p. 113; Little Dancers, p. 117; México Calavera, p. 121; México Calaveras Group, p. 122; Diablo and Angel Battle, p. 123; El Diablo, p. 124; Tortilla Making Demonstration, p. 128; Mercado, p. 129; Unity Circle, p. 131; Holding Hands, p. 133

Acknowledgments

El Corazón de la Muerte: Altars and Offerings for Days of the Dead came together through the hard work and passion of individuals dedicated to maintaining the integrity of los Días de los Muertos as a tradition that draws people together for purposes of honoring and healing as well as for celebrating life. Rachel Davidman, special projects manager; Christine Lashaw, museum preparator; and Evelyn Orantes, special projects coordinator, are to be acknowledged for their superb work in organizing and reviewing ten years' worth of photographs and statements and attending to the logistics of gathering the needed materials and information. Their work was critical to the creation of this publication and reflects their keen understanding of this project's significance for the community. We are indebted to them also in continuing the legacy of this annual museum project to better serve the community. Special thanks need to be given to Dennis M. Power, executive director, who provided great support throughout the years in institutionalizing los Días de los Muertos as an annual museum exhibition and celebration. Mark Medeiros, deputy director, is to be thanked for his enthusiastic support that made this publication possible.

Rafael Jesús González brought his gifts of wise counsel, knowledge, and skill in writing the introductory essay to encompass the history of los Días de los Muertos and contemporary urban life in Oakland. Bea Carrillo Hocker prepared an insightful introduction to the exhibition section that offers a concise lens through which to explore the featured ofrendas. Chiori Santiago captured the essence and heart of ancient traditions through her contributions to the Community Celebration section.

We are indebted to Meoy Gee, a true gem, who provided the Spanish translations for this publication and for many of the exhibitions and celebrations. Joaquín Newman and Margaret Santos offered important counsel as committee members dedicated to creating a book that resonated with the community.

Malcolm Margolin, Jeannine Gendar, and Rebecca LeGates, all of Heyday Books, provided much-needed guidance throughout the whole process of envisioning what this book might be, should be, and then has become.

The museum's Days of the Dead project during its first decade was made possible with recurring support from the Institute of Museum and Library Services, a federal agency, and the California Arts Council, a state agency, as well as frequent support from the Oakland Museum Women's Board. Jerry Daviee, grant writer, was instrumental in securing this support through the many successful proposals he generated each year. Special acknowledgment also goes to L. Thomas Frye, former chief curator of history, for his encouragement to organize the first los Días de los Muertos exhibition in 1994. He along with Tom Steller, chief curator of Natural Sciences, Phil Linhares, chief curator of Art, Inez Brooks-Myers, curator of Costume & Textiles, and Sue Baizerman, curator of Decorative Arts, provided curatorial support for the exhibitions that followed. Many thanks to Karen Ransom, family and community program coordinator; Indra Mungal, community programs manager; and Jennifer Ross, consultant, all of whom over the years have successfully and with much grace taken on the herculean feat of managing the community

Agradecimientos

El Corazón de la muerte: altares y ofrendas por los Días de los Muertos pudo lograrse gracias a la dedicación y al amor de personas que se han empeñado en mantener la integridad de estas fiestas, una tradición que une a la gente con el propósito tanto de honrar y curar así como de celebrar la vida. A Rachel Davidman, gerente de proyectos especiales, Christine Lashaw, preparadora técnica, y Evelyn Orantes, coordinadora de proyectos especiales, les agradecemos su estupendo trabajo en la organización y revisión de diez años de fotografías y comentario, y por compilar un sinfín de materiales e información imprescindibles. Su esfuerzo fue decisivo para esta publicación y refleja su comprensión de lo importante que era este proyecto para la comunidad. Ellas siguen brindando sus esfuerzos en la organización de este proyecto anual con objeto de servir mejor a la comunidad. Debemos mucho a Dennis M. Power, director ejecutivo del museo, quien ha dado gran apoyo a lo largo de los años para institucionalizar los Días de los Muertos como una celebración y exposición anual, y al apoyo entusiasta de Mark Medeiros, director adjunto, que hizo posible esta publicación.

Rafael Jesús González nos obsequió su sabio consejo, conocimiento y habilidad al redactar el ensayo preliminar que abarca la historia de los Días de los Muertos y la vida urbana contemporánea de Oakland. Bea Carrillo Hocker preparó una perspicaz introducción a la sección sobre la exposición que ofrece una visión precisa para entender las ofrendas. Chiori Santiago captó la esencia y el corazón de las tradiciones antiguas con su introducción a la sección de la Celebración de la Comunidad. Tenemos una deuda de gratitud con Meoy Gee que colaboró en la traducción al español de esta publicación, así como de pasadas exposiciones y celebraciones de los Días de los Muertos. Joaquin Newman y Margaret Santos brindaron consejo importante como miembros del comité dedicados a crear un libro de mucha importancia para la comunidad.

Malcolm Margolin, Jeannine Gendar y Rebecca LeGates de Heyday Books, nos prestaron sus buenos consejos y la guía necesaria a lo largo del proceso, y nos hicieron ver lo que este libro pudiera ser, debiera ser y finalmente es.

Durante su primera década, el proyecto de los Días de los Muertos fue posible con subvenciones de la agencia federal Institute of Museum and Library Services, y el California Arts Council, así como el apoyo frecuente del Oakland Museum Women's Board. Jerry Daviee, solicitador de subvenciones del museo, fue indispensable para asegurar este apoyo dado las exitosas propuestas que generó cada año. Extendemos especial reconocimiento a L. Thomas Frye, ex jefe curador de historia, por sus estímulos en la organización de la primera exposición de los Días de los Muertos en 1994. Junto con él, Tom Stellar, jefe curador de Ciencias Naturales, Phil Linhares, jefe curador de Arte, Inez Brooks-Myers, curadora de Vestido y Textiles y Sue Baizerman, curadora de Artes Decorativos, nos dieron su valioso apoyo en las exposiciones que siguieron. Nuestra deuda de gratitud incluye a Karen Ransom, ex coordinadora de programas para la familia y comunidad; Indra Mungal, jefa de programas de la comunidad; y Jennifer Ross, consultora, quienes a través de los años, han realizado con todo éxito y buena disposición la tarea hercúlea de dirigir las celebraciones

celebrations that required the coordination of hundreds of people and details.

In organizing the annual exhibition and community celebration, museum staff has partnered with many community members. Three people have been involved for more than ten years. Bea Carrillo Hocker has contributed to every exhibition and community celebration, either by serving as guest curator or educator; she set the foundation for our los Días de los Muertos exhibitions. Roberto Vargas, one of the founding members of the Latino Advisory Committee (LAC), first encouraged the museum staff to pursue a los Días de los Muertos project, in part to bring the community together for purposes of healing. Annually, he has contributed to this healing by conducting ceremonia activities with his wife, Rebeca Mendoza, at the museum's los Días de los Muertos programs. Richard Zamora, also a founding LAC member, and his wife, Rae, have appeared in costume annually as Death and the Devil at the celebration so visitors young and old can play and dance with these characters in the spirited tradition of los Días de los Muertos. Thanks also to Rodolfo Pérez, who early on inspired us to create a vision for the celebration that honored the rituals associated with los Días de los Muertos.

We are especially grateful to the many individuals who have served as members of the museum's Latino Advisory Committee and Los Días de los Muertos Committee. They all have provided the inspiration, spirit, and wisdom that have guided this project over the years. It is through their combined dedicated efforts and with much heart that los Días de los Muertos has evolved as an annual museum tradition for the community. Thank you, all of you!:

Amanda Almonte, Blanca Almonte, Roberto Almanzán, Yolanda Aranda Coria, Chimalpahin Arce, Ophelia Ascenios, Calvin Barajas, Toni Bissessar, Francisco Buchting, Rebecca Carmona, Michael Cervantes, Luis Chávez, Donna Corbeil, Lucha Corpi, Dolores Delbarco, Juanita M. Dimas, Rafael Directo, Juan Domingo, Joan Flores, Gema Fonseca, Judi García, Veronica García Luis, Antonio González, Christina González, Jane González, Rafael Jesús González, Sid Haro, Loretta Hernández, Susana Hinojosa, Bea Carrillo Hocker, Carolina Juárez, Luz Alvarez Martínez, Juanita Meza Velásquez, Paulina Natera, Carlos Navarro, Joaquín Newman, Ernesto Olmos, Evelyn Orantes, María Ortiz, Martiza Ortiz, Selena Ortiz, Rosalinda Palacios, Gerardo Pérez, Irene Pérez, Rodolfo Pérez, Billie Quijano, Rodrigo Quintanilla, Ramón Ramírez, Ted Ramírez, Celia Rodríguez, Reginald Saavedra, Tony Salazar, Maria Sánchez, Margaret Santos, Juan Taizan, Nellie Trujillo, Roberto Vargas, Elvia Villalobos, Doreen Villanueva, Richard Zamora.

Hundreds of other people from the community have been involved with the museum's annual exhibition and celebration—too many to name here. We deeply appreciate their contributions in honoring those who have come before us and those who continue to inspire our lives, a sentiment that is at the heart of los Días de los Muertos and is a guiding force in conducting the museum's annual festivities.

de la comunidad, mismos que requieren la coordinación de cientos de gentes y cientos de detalles.

Tanto la exposición como la celebración de la comunidad requiere una estrecha colaboración con miembros de la comunidad. Tres personas han participado con nosotros por más de diez años: Bea Carrillo Hocker ha contribuido en cada exposición e celebración de la comunidad, ya sea como curadora invitada o educadora; ella planteó las bases para nuestras exposiciones de los Días de los Muertos. Roberto Vargas, uno de los miembros fundadores del Comité Consultivo Latino, animó al museo para perseguir un proyecto que enfocara en esta antigua tradición, en parte para unir a la comunidad con propósitos de curación. El y su esposa, Rebeca Mendoza, han contribuido a esta curación colectiva al conducir ceremonias para los programas de los Días de los Muertos del museo. Richard Zamora, otro miembro fundador del Comité Consultivo Latino, y su esposa Rae se disfrazan cada año de la Muerte y el Diablo y pasean por las festividades, de manera que los jóvenes y ancianos pueden bailar y jugar con ellos, animados personajes de estas tradiciones que siempre se encuentran 'caminando a nuestro lado'. Extendemos nuestro agradecimiento también a Rodolfo Pérez que a principios de nuestra colaboración, nos dio la inspiración para realizar una celebración para la comunidad que honrara los ritos de esta antigua tradición.

Finalmente, estamos muy agradecidos a todas las personas que han prestado servicio como miembros del Comité Consultivo Latino del museo y del Comité de los Días de los Muertos. Todos ellos han proporcionado el espíritu, inspiración y sabiduría que ha guiado este proyecto a través de los años. Debido a su gran dedicación y mucho corazón, los Días de los Muertos se han transformado en una tradición anual del museo para la comunidad. ¡Gracias a todos ustedes!:

Amanda Almonte, Blanca Almonte, Roberto Almanzán, Yolanda Aranda Coria, Chimalpahin Arce, Ophelia Ascenios, Calvin Barajas, Toni Bissessar, Francisco Buchting, Rebecca Carmona, Michael Cervantes, Luis Chávez, Donna Corbeil, Lucha Corpi, Dolores Delbarco, Juanita M. Dimas, Rafael Directo, Juan Domingo, Joan Flores, Gema Fonseca, Judi García, Veronica García Luis, Antonio González, Christina González, Jane González, Rafael Jesús González, Sid Haro, Loretta Hernández, Susana Hinojosa, Bea Carrillo Hocker, Carolina Juárez, Luz Alvarez Martínez, Juanita Meza Velásquez, Paulina Natera, Carlos Navarro, Joaquín Newman, Ernesto Olmos, Evelyn Orantes, María Ortiz, Martiza Ortiz, Selena Ortiz, Rosalinda Palacios, Gerardo Pérez, Irene Pérez, Rodolfo Pérez, Billie Quijano, Rodrigo Quintanilla, Ramón Ramírez, Ted Ramírez, Celia Rodríguez, Reginald Saavedra, Tony Salazar, Maria Sánchez, Margaret Santos, Juan Taizan, Nellie Trujillo, Roberto Vargas, Elvia Villalobos, Doreen Villanueva, Richard Zamora.

Cientos de personas de la comunidad han colaborado en las celebraciones y exposiciones a través de los años—demasiadas para poder ser nombrados aquí. Apreciamos profundamente su contribución al honrar a aquellos que nos han precedido y a quienes continúan inspirando nuestras vidas, valores que están en el corazón de los Días de los Muertos y que nos lleva a organizar cada año estas singulares festividades.